Cuando la Fe y la Gracia se Besan

POR

MARCOS VOLSTAD

CUANDO LA FE Y LA GRACIA SE BESAN

Copyright © 2023 Marcos Volstad
All rights reserved.

Deeper Life Press

Índice

Prólogo 5

Reconocimientos... 8

Dedicación 10

¿Yo escribir un libro? 12

Con señales y prodigios 15

Nuestra familia en Sudamérica 22

La llenura del Espíritu Santo 29

Dios bendijo todo..36

El amor supera el temor 47

Nuestra identidad en Cristo 51

Mentiras que personas creen 56

Identidades falsas que personas asumen.....................58

La palabra de conocimiento y la sanidad 60

Tumores y clavos 69

¿Puedo escuchar la voz de Dios? 77

Vicente y el trueno 86

El reino de gozo...90

Dios quiere sanar a la persona completamente 95

Sanada por su fe 102

Lo que el amor revela 106

Las zapatillas rojas... 110

El milagro del anillo y las tortillas 114

No era para él, era para ti 117

La sanidad en el baño de damas 122

¿De dónde debemos luchar? 126
El siervo inútil 140
La llamaron "Milagro" en el hospital 144
Un milagro a la distancia 148
La compasión y la misericordia 154
¿Por qué algunos no sanan? 160
¿Cómo manejo la desilusión? 170
Jesús sana a un pescador 178
La importancia del testimonio 183
La casa de los loros 189
Se acabaron los zumbidos 198
El resto de la historia 203

PRÓLOGO

EL LEGADO DE ALBERTO BENJAMÍN SIMPSON PERDURANDO EN GRAN PARTE DE CHILE Y LATINOAMÉRICA, CON IGLESIAS ESTABLECIDAS DE LA ALIANZA CRISTINA Y MISIONERA EN VARIOS DE SUS PAÍSES HOY.

Dios ha usado a personas dispuestas, para que nuestro país pueda ser bendecido.

Con la llegada de la ACyM, a través de Henry Weiss y su esposa Catalina a Chile, un servidor del Señor, que haciendo eco de la intención zapadora de Simpson, lo hizo con extrema entrega y real abnegación, que a pesar de la inaccesible geografía de aquel entonces, se abre paso sin imaginar cómo sería el resultado, no solo de su ministerio, sino también de su oración: "Dame desde el BIO-BIO al SUR". Después de un tiempo, fueron alcanzados para el Reino de Dios, no solo personas a las que alguna vez se les denominó "indómito mapuche", sino también de todos los rincones del sur y luego, continuando hasta hoy en día, la expansión del Mensaje en esta larga y angosta faja de tierra.

Cuando nos adentramos al año 2024, continúa el obrar de Dios. Y este libro: "Cuando la Fe y la Gracia se besan", nos recuerda la vigencia del Poder de lo Alto, sobre la base de la exposición de la Palabra, pero acompañada de sanidades y milagros.

Marcos Volstad es parte de la tercera generación de misioneros en Chile y fue misionero en nuestro país en la década de los noventa y desde el 2017, visita constantemente congregaciones mapuche, replicando en su ministerio la intención inicial de Simpson, una forma de teología que descansa en el poder de Dios para sanar, realzando a la persona del Espíritu Santo, que no solo aplica y obra la salvación, sino que en determinadas personas, juntamente con sanar el alma, lo hace también en lo físico, guiando al creyente hacia una doble experiencia con Dios: primero, la comprensión de la Palabra y segundo, acompañada de la experiencia de sanidad completa, ya sea una afección o dolencia física simple, crónica o terminal; es decir, es la predicación integral desde la mirada de Jesús: *"El que en mí cree, las obras que yo hago, él las hará también; y aún mayores hará, porque yo voy al Padre Juan 14.12b".*

Es un libro recomendable para toda la iglesia y los obreros del Señor que pretenden ir más allá de una imprescindible buena interpretación de las Sagradas Escrituras y juntamente con ello, vivir experiencias sobrenaturales del obrar natural de Dios.

En una de nuestras congregaciones mapuche donde ministró Marcos, Dios le guió a orar por alguien enfermo del hígado. La persona fue asistida en oración y recibe sanidad, hoy con gratitud, los hermanos destacan que es el primero en llegar a congregarse para los tiempos de adoración. Así como esta persona, creemos que muchos otros pueden ser bendecidos e impactados similarmente por el poder de Dios, ya sean estos líderes o personas importantes de la comunidad que no conocen a Jesús como su Salvador personal.

Considero que este libro testimonial puede ser de gran motivación y enseñanza para la Iglesia, a fin de que la predicación sea con Palabra y demostración del Poder de nuestro Trino Dios. **Pues nuestro evangelio no llegó a vosotros en palabras solamente, sino también en poder, en el Espíritu Santo y en plena certidumbre... 1 Tesalonicenses 1:5a.**

PR. HÉCTOR
PARRA SANDOVAL
DIRECTOR MINISTERIO DE AVANCE RURAL, ACyM CHILE

RECONOCIMIENTOS

Este libro no hubiera sido posible sin la ayuda y el apoyo de las siguientes personas.

Mi esposa, Bárbara, quién me motivó a escribir y redactar los capítulos. Ella vivió en persona muchos de estos milagros y sirvió como guía para compartir lo que realmente pasó. Hemos aprendido los actos y los caminos del Señor juntos. Te amo.

Leticia Redel, fue el eje de este libro. Su aporte, redactando cada capítulo, corrigiendo la gramática para perfeccionar la lectura, fue indispensable. Muchísimas gracias Leti.

David Woerner también contribuyó con su experiencia en la redacción cuando comencé a escribir.

Hector Parra, tañi wenüy ka peñi (mi amigo y hermano), vivimos muchas de estas experiencias juntos. Te agradezco por el sacrificio de tu tiempo para llevarme a tantas comunidades mapuche a través de los años. Eres un compañero fiel y constante, digno del favor de Dios sobre tu vida. Mañumeyu.

Al Padre, Hijo y Espíritu Santo, dador de la vida. Gracias por el privilegio de colaborar con tu obra aquí en la tierra. Que el nombre de Jesus se haga famoso en toda la tierra, amén.

Dedicación

Quisiera dedicar este libro a mi familia entera, mi esposa Bárbara y mis hijas Leah y Lydia. Me motivaron a escribir aún cuando no quería hacerlo. Ellas pudieron ver algo que me costó ver. Le doy gracias a Dios por cada una de ellas.

Lo dedico también al pueblo Mapuche, queridos hermanos que tienen un lugar único en mi corazón. Que el contenido los inspire a ir a las profundidades del Espíritu de Dios y vivir la gran aventura del reino de los cielos aquí en la tierra, hay más.

Pewmagen Ngünechen füreneaymünmew
Marcos, Leah, Lydia y Bárbara Volstad
con nuestra querida hna. Panchita Millañir de Chapod, Maquehue

¿YO ESCRIBIR UN LIBRO?

He recibido muchas palabras sobre mi vida y varias de ellas las he guardado y atesorado en mi corazón. Algunas confirmaban lo que Dios ya había hecho o lo que estaba haciendo en el momento. Lo impactante es que nacieron de personas que no me conocían. Otras palabras que me fueron dadas, no tuvieron un impacto en mí, aunque fueron buenas. Lo que practico al recibir "palabras", es comer la carne y botar los huesos.

19 No apaguen al Espíritu Santo.
20 No se burlen de las profecías,
21 sino pongan a prueba todo lo que se dice. Retengan lo que es bueno.
(1 Tesalonicenses 5:19-21 NTV)

Yo sé que le corresponde al que está recibiendo la palabra, decidir qué hacer con ella. En mi experiencia, he comido carne y botado los huesos muchas veces.

Hace 10 años recibí la misma palabra tres veces, de tres personas distintas, dentro de un año. Estas personas no me conocían, pero cada una me dio la misma palabra. Aprendí de la vida del profeta Samuel, cuando era joven y escuchó la misma palabra tres veces. La posibilidad de que ésta fuera la palabra de Dios para mí, era casi un 100%. La palabra que me dieron, era la siguiente: "Te veo escribiendo un libro". Al escuchar esta palabra, me reía en el interior, porque en mi mente, la última cosa que haría en el mundo, sería escribir un libro. No me gusta escribir. Nunca había escrito un libro ni un artículo para una publicación. Mi gramática es horrible y me cuesta fluir con la palabra escrita. Nunca tomé una clase para aprender cómo usar las teclas con los diez dedos (uso cuatro dedos en total). Además, ¿qué tengo para compartir con otros por medio de un libro? ¿Qué tipo de libro sería? Hay tantos libros, ¿por qué agregar uno más y quién lo leería?

Guardé la palabra en mi corazón, pero no me motivé para perseguirla. Pensé: "Si Dios quiere que escriba un libro, tendrá que darme el título y el contenido". Pasó un año entero de flojera en cuanto al libro, hasta que un día, Dios me habló mientras me duchaba. Al estar lavándome el cabello, de repente una voz, casi audible, dice: "Cuando la fe y la gracia se besan". Quedé asombrado por la palabra. En mi interior, sabía que éste sería el título del libro. En el mismo momento, me acordé de un texto bíblico que se asemeja mucho a esta palabra, pero no estaba seguro dónde se hallaba. Lo encontré cuando estaba leyendo en los Salmos.

10 El amor inagotable y la verdad se encontraron;
¡la justicia y la paz se besaron!

11 La verdad brota desde la tierra, y la justicia sonríe desde los cielos.
(Salmos 85:10-11 NTV)

El mensaje es el mismo. Cuando del cielo desciende la gracia de Dios y de la tierra brota la fe del hombre y los dos se besan, ¿qué pasaría? La pasión del corazón de Dios se manifestaría en obras sobrenaturales por medio de nosotros, aquí en la tierra. El cielo y la tierra poniéndose de acuerdo en el cumplimiento de la voluntad de Dios: *"Que se cumpla tu voluntad en la tierra como se cumple en el cielo"*. (Mateo 6:10 NTV).

Tenía el título, pero no tenía idea de qué se iba a tratar. Bárbara, mi esposa, me ayudó un día, cuando dijo que el contenido tiene que ser fruto del título. Debe ser un libro que cuente las maravillas de Dios, que den evidencia de su gracia y poder sobre las imposibilidades en la tierra. Me dijo: "Marcos, cuenta tus experiencias viendo sanidades y milagros, porque tienes tantas". Algo en mi espíritu confirmó esa palabra que Bárbara me dio. Otros amigos me ayudaron al darme ideas para otros capítulos que debiera incluir y estoy en deuda con ellos por su generosidad en ayudarme en este proceso.

Este libro es fruto de algo que yo consideré imposible y lo he hecho en obediencia a la palabra de Dios. No espero escribir otro. Con éste, deseo animar e inspirar al pueblo de Dios, a perseguir las mayores obras que necesitan acompañar la predicación del reino, para la gloria de Dios Padre.

Con señales y prodigios

Desde niño cargaba una inquietud en mi corazón, que me acompañó por muchos años. Viviendo en un hogar cristiano, siendo la tercera generación de misioneros en Sudamérica (Perú y Chile), crecí dentro de la iglesia. Empecé a seguir a Jesús a temprana edad. A los quince años, dediqué mi vida al servicio de Dios en el área de las misiones y volví a Chile como misionero.

Como niño de ocho a nueve años, leía mi Biblia y practicaba, predicándole a mis hermanos en nuestra sala. Leía las historias en la Biblia, donde milagros y sanidades se manifestaban por medio de Jesús y los apóstoles, y me preguntaba: "¿Por qué no veo estos milagros hoy? Si Dios es el mismo ayer, hoy y siempre, ¿dónde están estas manifestaciones de su poder? En todas las iglesias donde mi vida espiritual fue formada, la predicación de la Palabra de Dios era muy profunda y sana. Le doy gracias a Dios, por el fundamento que me dio, la verdad que fue establecida en mi mente y corazón. A la vez, algo en mí decía: "Hay más, debe haber más".

En mis años de preparación teológica para ser misionero y pastor, el énfasis era la predicación de la Palabra. La inquietud seguía molestándome, pero no lo compartí con nadie. Ministré tanto en los Estados Unidos como en Chile por medio de la Palabra y por la gracia de Dios, Su Palabra dio fruto. Pero yo quería más, ministrar como los seguidores de Jesús en la Biblia. Mi madre me contó en el año 2015, que yo la sanaba cuando era niño. Esta revelación fue una gran sorpresa, porque no tenía memoria de eso. Ella sufrió por muchos años de jaqueca. A veces, el dolor era tan fuerte, que se quedaba en cama por tres días con las cortinas cerradas, para que no entrara la luz del día. Me dijo que en varias ocasiones entré a su pieza y oraba que Dios la sanara e inmediatamente recibió sanidad. Escuchar estos relatos me animó muchísimo, me di cuenta de que Dios me estaba preparando, para un día recibir "más" desde mi juventud.

Me enseñaron la incredulidad. O sea, después de escuchar de parte de maestros de teología y algunos pastores que Dios no necesitaba realizar milagros y prodigios, porque ahora tenemos la Biblia, me volví incrédulo en esta área. Me decepcioné, porque nadie enseñaba que era posible y, además, no lo veía demostrado en ningún lugar. Dios nunca me libró de esa inquietud interna, me perseguía. "Hay más". Nunca me enseñaron cómo ministrar en el poder del Espíritu y nunca había visto a una persona o iglesia ministrar en el poder, hasta el año 2005. Estaba pastoreando la iglesia Cristo Salva en Chico, California, en ese entonces. Escuché de una iglesia en el norte de California, donde milagros, señales y prodigios eran parte de la vida normal de la iglesia.

Algo se despertó en mí y fui con Bárbara (mi esposa), para ver lo que estaba pasando allí. Lo que vi, fue la presencia del Espíritu Santo que podía sentir en el ambiente, el amor de la gente y cómo se ministraban entre ellos, era un vaso refrescante de agua fría para mí. Inmediatamente, la inquietud en mí saltó de alegría, porque al fin encontré una iglesia que ministraba con la Palabra y el poder. Fue por medio de la influencia de esta iglesia, que mi ministerio se hizo más fructífero.

En Romanos 15:18-19, el apóstol Pablo está compartiendo de su ministerio en distintas regiones y dice algo que me impactó profundamente:

> *18 Sin embargo, no me atrevo a jactarme de nada, salvo de lo que Cristo ha hecho por medio de mí al llevar a los gentiles a Dios a través de mi mensaje y de la manera en que he trabajado entre ellos.*
> *19 Los gentiles se convencieron <u>por el poder de señales milagrosas y maravillas, y por el poder del Espíritu de Dios</u>. De esa manera, presenté con <u>toda plenitud la Buena Noticia de Cristo</u> desde Jerusalén hasta llegar a la región del Ilírico.*
> (Romanos 15:18-19 NTV)

Me di cuenta de que demostraba la mitad del evangelio por muchos años. Estaba compartiendo la Palabra, pero no estaba ministrando con el poder de señales y prodigios. Pablo usaba ambos, porque la demostración de poder confirmaba la Palabra que traía. El evangelio de Cristo se manifiesta en la predicación y las obras de poder. Ése es el evangelio completo. Así lo hacía Jesús, el gran ejemplo de cómo revelar el reino de Dios en la tierra. No es un "adjunto", no es un evento o programa que se realiza de vez en cuando. Es una parte íntegra del evangelio que no se debe divorciar de la Palabra.

Cuando Pablo escribió su primera carta a la iglesia en la ciudad de Corinto, les dijo:

> 4 *"Y mi mensaje y mi predicación fueron muy sencillos. En lugar de usar discursos ingeniosos y persuasivos, <u>confié solamente en el poder del Espíritu Santo</u>.*
> 5 *Lo hice así para que ustedes no confiaran en la sabiduría humana*
> *sino <u>en el poder de Dios</u>".*
> (1 Corintios 2:4-5 NTV)

Increíblemente, las personas que fueron movidas para seguir a Jesús, no fueron persuadidas por el mensaje que Pablo les presentó, sino por la demostración del poder del Espíritu de Dios en su medio. Milagros, sanidades, palabras proféticas, etc. ¿Cómo fue fundada la fe de ellos? Por medio de la manifestación del poder de Dios. Lo he visto muchas veces, personas que no prestaban mucha atención a la Palabra que les compartía, fueron totalmente transformadas por una experiencia que tuvieron con el poder del Espíritu. Es fácil negar los argumentos de una persona y decir que no tienen fundamento, pero es imposible negar la experiencia que una persona ha tenido.

Me acuerdo que cuando leí estas palabras de Jesús, me dejaron un poco mareado. En el evangelio de Juan 10:37-38, Jesús responde a los maestros de la ley que lo habían acusado de blasfemia y les dice:

> ***37** "No me crean a menos que lleve a cabo las obras de mi Padre;*
> *__38__ pero si hago su trabajo, entonces crean en las obras milagrosas que he hecho aunque no me crean a mí. Entonces sabrán y entenderán que el Padre está en mí y yo estoy en el Padre".*
> (Juan 10:37-38 NTV)

Permitan que esa declaración de Jesús se siembre profundamente en su mente y corazón. Jesús mismo dice que si la gente no cree sus palabras, pues que crean en Él por las obras (señales, milagros, sanidades, etc.). Imagínense, aún Jesús se encontró con personas que rehusaron creer en Él por medio de sus enseñanzas; sin embargo, les dio un segundo testimonio de su identidad y de su reino, las obras que manifestó. En sus tres años ministrando en la tierra, Jesús siempre predicaba y demostraba el poder del Espíritu con señales y prodigios. Ése era su patrón y el ejemplo que nos dejó para imitar. *"Les digo la verdad, todo el que crea en mí hará las mismas obras que yo he hecho y aún mayores, porque voy a estar con el Padre".* (Juan 14:12 NTV).

¿Lo crees? ¿Está mintiendo o engañándonos? ¿Es palabra para los pastores y líderes únicamente? Como dice Jesús, es para *"el que cree en mí"*. Si usted cree en Jesús, Él está esperando el fruto de su sacrificio.

El reino de Dios demostrado mediante la Palabra y las obras de poder. Se lo debemos a nuestra generación y a Jesús.

Es imperativo que la Iglesia vuelva a ministrar usando las dos armas del Espíritu Santo. Si no saben cómo, pídanle dirección y valor al Espíritu Santo. Pongan mucha atención a su voz. También lean los evangelios, para inspirarse de parte de los discípulos que sabían muy poco. Ellos aceptaron la autoridad y poder que Jesús les había otorgado e imitaron a Jesús con éxito. Lo que conmueve el corazón de Dios para colaborar con nosotros, es la fe que expresamos. La fe no es fácil muchas veces, es puesta a prueba con las oportunidades imposibles, situaciones donde solo Dios podrá resolver el problema. ¿Sin fe es imposible agradar a Dios? Él es el Dios de lo imposible.

Una cosa más que les podrá ayudar en dar comienzo a este ministerio de poder. Encuentren a una persona que ya está operando con la Palabra, señales y prodigios, pasen tiempo aprendiendo de él/ella. Si quieres matar a gigantes, pasa tiempo con matadores de gigantes. David mató a Goliat cuando nadie más se atrevió a hacerlo. En 1 Crónicas 11, el autor comparte una lista de los grandes guerreros de David y las grandes hazañas que habían realizado. Algunos habían matado a otros gigantes del ejército de los filisteos. ¿Dónde estaban estos hombres cuando Goliat se les presentó? ¿Cómo llegaron a ser matadores de gigantes? Ellos se habían unido con David y vivieron juntos. Aprendieron de él y llegaron a ser tan valientes como David. Ánimo hermanos, el Espíritu de Dios los ha equipado para esto. Su autoridad y poder están en el Espíritu Santo. Actívense en el amor y poder de Dios por su pueblo.

Jesús fue conocido no tanto por su poder, sino por su compasión. Si estudias el ministerio de Jesús, la compasión lo movió a hacer todo lo que hizo. Es indispensable que ésta sea la motivación nuestra también. La vanagloria, el deseo de ser visto y conocido por su ministerio, es una lucha interna que cada uno tendrá que vencer. Cuando las personas me piden orar por sanidad, están esperando un encuentro con Dios, no con Marcos. La humildad, la dependencia total en Dios, es clave. Somos conductos que Dios usa para tocar vidas. No podemos producir lo que solo el Espíritu de Dios puede dar. Tengan esto bien claro, porque los dejará descansar y orar en paz. Somos instrumentos de Su gracia y Él nos ha invitado a trabajar con Él, extendiendo Su reino y voluntad en la tierra.

Nuestra familia en Sudamérica

Dios ha querido que Su Reino se extienda a través de las generaciones, por medio de personas que lo representen bien en la tierra. Para muchos, el reino de Dios ha tenido su comienzo con su generación. Sus padres, parientes y antepasados, han vivido sus vidas sin la esperanza y el perdón que Cristo les ha ofrecido. Pero gracias a Dios, un nuevo legado ha nacido en ellos, que traerá bendición y fruto por generaciones.

Tengo la dicha, la bendición, de ser heredero de un legado cristiano. Soy descendiente de varias generaciones de pastores y misioneros en nuestra familia. Estos hombres y mujeres de Dios, se encuentran por el lado de mi padre y mi madre. En Noruega y en los Estados Unidos se dedicaban a predicar la Palabra. Cada generación oraba por las siguientes generaciones, que el Espíritu de Dios usara a cada uno para extender su Reino.

Mis abuelos paternos, Carlos y Pelma Volstad, nacieron en los Estados Unidos. Se conocieron en el Instituto Bíblico y compartían la misma pasión de servir en el campo misionero. Después de casarse, zarparon de Nueva York con destino a Lima, Perú, donde desembarcaron en el Puerto de Callao en enero del 1928. Mi abuelo apenas tenía cinco años como seguidor de Jesús, cuando se encontró junto con su esposa en un buque rumbo a la costa de Perú, para dar comienzo a una vida como misionero de la Alianza Cristiana y Misionera.

En Lima nació su primera hija, mi tía Bárbara Jean Volstad, en 1928. De Lima se trasladaron a Huánuco, Perú, en la sierra de Los Andes, para abrir una obra. Había mucha persecución en esos años, de parte de los católicos. Una vez, el ejército con 25 soldados a caballo, tuvo que intervenir para proteger a mis abuelos, que estaban asistiendo a un culto de oración en una casa de adobe. Llegó una turba de gente gritando, enfurecidos contra ellos y tirando piedras. La multitud que se había reunido en contra, era de unas 500 personas. Fueron apedreados en ciertos pueblos donde se había corrido la voz de que "los demonios", o sea, los evangélicos, tenían una presencia en la zona. Sin embargo, Dios se estaba moviendo en ese caos. Una vez, mi abuelo entró a una pequeña población en las alturas y tocó la puerta de la primera casita humilde que se le presentó. En esta área, la mayoría de la gente son del pueblo quechua. Al abrir la puerta, el señor fijándose en mi abuelo, le preguntó: "¿Eres tú el señor que tiene el libro?" Al decirles que sí tenía el libro, ellos le explicaron más. Le dijeron: "Antes que muriera nuestro padre, él nos dijo que un día un hombre blanco vendrá a nuestro pueblo, llevando un libro y que ese hombre nos guiará a toda la verdad". En esa casita se plantó la semilla del reino, que llegó a dar mucho fruto.

En 1929 nació su segundo hijo, Raymond Bruce Volstad. Lamentablemente falleció de disentería antes de cumplir un año.

Raymond fue sepultado en la ciudad de Huánuco y su lápida sigue visible en el nicho hasta el día de hoy. Cuando estuve en Huánuco para la inauguración del Colegio Marc Volstad en 2013, fui al cementerio general de la ciudad, con el pastor Pedro Pablo Hernández y juntos encontramos su lápida.

En su año de gira misionera en los Estados Unidos, nació un tercer hijo, David Keith Volstad, en 1933. Con seis semanas de vida, David zarpó con sus padres y su hermana mayor Bárbara, con dirección a Perú.

De Perú se mudaron a Chile, porque la misión necesitaba a Carlos en Temuco. Aparentemente, mi abuelo era un buen administrador y maestro, y sirvió por muchos años en distintos roles. Estuvieron varios años en Chile antes de volver a Estados Unidos por un período de tiempo. Aunque ya jubilados, las misiones nunca cesaron de latir en sus corazones. En 1968 aceptaron ir a Colombia, para servir como maestros por tres años en el Seminario de la Alianza en la ciudad de Armenia.

Su cuarta hija, Ruth Mary Volstad, nació en Santiago, Chile, en 1942. Ruth, su esposo Lynn Davison y sus dos hijas Janet y Marcie, fueron misioneros en Guayaquil, Ecuador, con la ACyM. Janet nació en San José, Costa Rica, en 1967 y Marcie nació en St. Paul, Minnesota. Janet volvió a Quito, Ecuador, como maestra en la Academia de la Alianza por unos años. Ella y su hermana Marcie eran alumnas en su juventud de esta institución.

Bárbara Volstad, más bien conocida como "la tía Barbarita" por muchos chilenos, volvió a Chile como misionera de la ACyM después de varios años de preparación en Estados Unidos. Comenzó su ministerio en Temuco en 1957 y se quedó en la calle Dinamarca hasta el año 2010, cuando se jubiló a los 82 años de edad. La tía Barbarita tuvo una gran influencia en la vida de sus alumnos, de pastores y de sus esposas. Esta influencia no se limitó al país de Chile, sino que se extendió a otros países de Sudamérica.

Mi padre, David Volstad, volvió a Chile como misionero junto con su esposa Lois (Loida) y su primer hijo David Bruce, en diciembre de 1960. En los siguientes años, nacieron cuatro "chilenos" en Temuco: Mark (Marcos) 1961, Judy 1963, Steven (Esteban) 1967 y Robert (Roberto) 1969.

Volvimos a los Estados Unidos en 1970, para el año de gira, cuando todo cambió. Por la salud de mi madre, los médicos insistieron que no debiéramos volver al clima de Temuco. Hacía bastante frío en el invierno y las casas no tenían calefacción central. Eso provocaba que una casa sea muy fría y húmeda para un invierno tan largo. La aflicción de mi madre era provocada por el frío. Cuando mis padres recibieron esta noticia, mi padre fue elegido director regional de toda la obra misionera de la ACyM en América Latina. Dirigió ese ministerio por más de 25 años desde los Estados Unidos. David pasaba por todos los países Sudamericanos cada año, haciendo más de 60 viajes en su jornada como director.

De los cinco hijos de David y Lois Volstad, dos han servido en el campo misionero: Marcos y Esteban con sus familias, extendieron el legado de los Volstad en el extranjero, aunque los cinco están sirviendo a Dios en sus respectivas ciudades.

Marcos y su esposa Bárbara, junto con sus hijas Leah y Lydia, sirvieron en Chile con la ACyM entre los años 1994-1997, enfocándose en el ministerio rural entre el pueblo mapuche. Al volver a los Estados Unidos por un período extendido, abrieron una iglesia hispana entre los mexicanos en Chico, California. Sirvieron como pastores de esa iglesia por 20 años. Marcos hacía viajes a Chile para ministrar con los mapuche durante esos años. En el año 2019, Marcos y Bárbara terminaron su ministerio en la iglesia *Cristo Salva* de Chico, con el plan de darle a Marcos la oportunidad de volver a Chile, para ministrar con el pueblo mapuche. Aunque ya no hay misioneros del extranjero de la ACyM sirviendo en Chile oficialmente, la Alianza de Estados Unidos le ha extendido a Marcos una asignación especial para ministrar allí. Sin saber, la pandemia arrasó con los planes y todo se paralizó. Seguro que pronto llegará el día, cuando el "Fütapeñi" (el nombre que me dieron que significa, Hermano Mayor), volverá a pisar tierra chilena.

Nuestra hija Leah y su esposo Mason Jaynes, junto con sus dos hijos, esperan servir al Señor en el norte de África entre el pueblo musulmán. Posiblemente dentro de dos años, este sueño y visión se realizará. Mason es enfermero, y va a usar su carrera y experiencia, para entrar en lugares cerrados al evangelio, pero abiertos a aquellos que vienen a sanar.

Mi hermano Esteban, su esposa Christy y sus tres hijos, fueron los primeros de la familia que no se enfocaron en Sudamérica. Dios tenía otros planes para ellos. Por más de 20 años han servido con la ACyM en Rusia y Ucrania. Tuvieron que salir de Kiev, Ucrania, cuando las bombas empezaron a caer en enero de 2022. Rusia invadió a Ucrania, su vecino. La ACyM les dio una nueva tarea, pues no podían volver a Kiev, a pesar de que todos sus bienes seguían allí. En agosto de 2022, la Alianza los designó a servir en Alemania, donde hay un alto porcentaje de refugiados que huyeron de Ucrania.

Algo hermoso que Dios hizo con ellos en sus años en Moscú, Rusia, fue darles un colega chileno, un misionero enviado por la ACyM de Chile, Eliel Isla. La maravilla de tener a un Volstad y a un Isla ministrando como equipo en Rusia, es que las dos familias se han conocido por tres generaciones. En Chile, mis abuelos conocían a sus abuelos; mis padres a sus padres y en esta generación, las dos familias se encontraron extendiendo el reino de Dios al otro lado del mundo. ¡Qué asombroso ver cómo Dios hace las cosas!

Éste es un pequeño panorama de nuestra familia y su ministerio, en el gran continente de Sudamérica. A Dios sea toda la gloria, por los siglos de los siglos. Amén.

MARCOS VOLSTAD

Familia Volstad - 1972
Frente: Judy Volstad, Marcie Davison, Steve Volstad, Robert Volstad, Janet Davison
Medio: Lois Volstad, Barbara Volstad, Pelma Volstad, Carl Volstad, Ruth Volstad Davison
Atrás: David Volstad, Bruce Volstad, Mark Volstad, Lynn Davison

La llenura del Espíritu Santo

Es una revelación para muchos creyentes, escuchar que todo lo que Jesús hizo, fue como hombre y no como Dios. No estoy diciendo que Jesús no es Dios, sí lo es; pero según Pablo, en la carta a los Filipenses, Jesús se despojó de ciertos aspectos de su divinidad y se vistió de nuestra humanidad, para poder identificarse con nosotros y nosotros con Él.

5 Tengan la misma actitud que tuvo Cristo Jesús.
6 Aunque era Dios, no consideró que el ser igual a Dios
fuera algo a lo cual aferrarse.
7 En cambio, renunció a sus privilegios divinos;
adoptó la humilde posición de un esclavo
y nació como un ser humano.
Cuando apareció en forma de hombre,
8 se humilló a sí mismo en obediencia a Dios
y murió en una cruz como morían los criminales.
(Filipenses 2:5-8 NTV)

Por treinta años, *"Jesús crecía en sabiduría y en estatura, y en el favor de Dios y de toda la gente"*. (Lucas 2:52 NTV). Es interesante que, en todo ese tiempo, Jesús no realizó ningún milagro o sanidad. Tampoco predicó el reino de los cielos. Fue el día de su bautismo, cuando su dirección cambió. Juan el Bautista tuvo el privilegio de bautizarlo, no para arrepentimiento de sus pecados (porque no tenía pecado de qué arrepentirse), sino para identificarse con los hombres. El evangelio de Lucas nos cuenta que, en su bautismo, el Espíritu Santo descendió del cielo en forma de paloma y descansó sobre Él: *"Y una voz dijo desde el cielo: Tú eres mi Hijo muy amado y me das gran gozo"*. (Lucas 3:22 NTV). Es sumamente importante captar el impacto de estas palabras, es un mensaje profundo, el Padre lo llama Hijo amado y está complacido con él. Miren, Jesús no ha hecho nada todavía, no ha predicado, no ha hecho un viaje de misiones de corto plazo, no ha enseñado una clase de escuela dominical, no ha evangelizado, ni hecho un milagro, y el Padre lo ama y está complacido con Él. Cuando ustedes aceptaron seguir a Jesús, el Espíritu de Dios los regeneró y los hizo hijos e hijas amados por Dios. El Padre los ama, así como ama a Jesús. Disfruten su aceptación y amor, sin gastar energía tratando de ganar méritos con Él, es imposible hacerlo.

Algo importante pasa inmediatamente después. Tendemos a verlo como una experiencia negativa en la vida de Jesús, pero en realidad es imperativo para su ministerio. Lucas 4:1 dice que Jesús volvió del Jordán *"lleno del Espíritu Santo"* y que el Espíritu lo lleva al desierto, a un lugar solitario, para ser puesto a prueba por el diablo. La primera prueba o tentación del diablo, tiene que ver con lo que el Padre acaba de decirle a Jesús en cuanto a su identidad. El diablo se dirige a Jesús y le dice: *"Si *eres el Hijo de Dios"*. (Lucas 4:3 NTV). El diablo siempre atacará esta área de nuestra identidad, porque si puede distorsionarla, nuestro impacto e influencia como hijos de Dios se debilitará. Las otras tentaciones también tienen que ver con su identidad en Dios Padre. Jesús se mantuvo firme en su identidad, así como lo había escuchado del cielo. No tuvo duda, sino que respondió con las palabras del Padre.

Fíjense lo que pasa ahora. El diablo agotó todos los recursos que tenía para derrotar a Jesús en su identidad como Hijo amado, en quien el Padre estaba complacido. Habiendo pasado estas pruebas: *"Entonces Jesús regresó a Galilea lleno del poder del Espíritu Santo"*. (Lucas 4:14 NTV). Hay muchos creyentes que desean ministrar como Jesús nos llamó a hacerlo, pero no lo hacen, porque siguen batallando con las dudas de su identidad en Cristo. Están llenos del Espíritu, pero no viven en el poder del Espíritu. Yo me identifico con ellos, lo viví así por años. No estaba seguro de mi posición en Cristo, luchaba contra las dudas de mi verdadera identidad y, por ende, hacía muy poco. No fue hasta que tuve encuentros profundos con el Espíritu Santo, que mi verdadera identidad como hijo amado de Dios, fue cimentada en mi vida. Junto con esa verdad, acepté que Dios estaba complacido conmigo si hiciera mucho o poco; no dependía de mí, fue un acto de su amor incondicional.

Jesús está dando un ejemplo a seguir. La vida en Cristo es imposible sin su Espíritu en nosotros y sin un corazón convencido de su nueva identidad y llamado. La llenura del Espíritu (Efesios 5:18b), es indispensable para cumplir con los propósitos que el Espíritu Santo nos presenta cada día. Vivan sus vidas de tal forma que, cuando sus pies toquen el piso al levantarse en la mañana, el diablo diga: "Ay, él/ella está despierto". Vivan llenos y en el poder del Espíritu Santo. Amén.

Quiero agregar algo más a esta porción. En este libro han leído de la obra del Espíritu de Dios en visibles manifestaciones de su presencia; cada uno revela el carácter y la naturaleza de Jesús y el Padre, porque los tres son uno. También quiero que vean cómo el Espíritu se comunica, cómo da palabra fresca y nueva en el momento, para dar dirección en la situación. Esta enseñanza es clave. Si no estoy atento a lo que el Espíritu de Dios está diciendo en el momento, aunque tenga buenos motivos, voy a perder lo que Él está creando.

Un texto bíblico muy conocido por muchos, se encuentra en Romanos 10. El apóstol Pablo declara: *"Así que la fe viene por oír, es decir, por oír la Buena Noticia acerca de Cristo"*. (Romanos 10:17 NTV). El versículo dice que la fe viene como "resultado de oír", no de haber oído. Dios siempre está hablando y nos corresponde tener oídos atentos, para percibir lo que está diciendo, porque el resultado será un incremento en nuestra fe/confianza en Dios.

Dos ejemplos les ayudarán en lo que estoy intentando explicar. En Hechos 16, el autor Lucas nos cuenta de uno de los viajes misioneros de Pablo, que ministraba con Timoteo y Silas. Pablo está cumpliendo con la gran comisión que Jesús había encomendado a sus seguidores:

> **19** *"Por lo tanto, vayan y hagan discípulos de todas las naciones, bautizándolos en el nombre del Padre y del Hijo y del Espíritu Santo.* **20** *Enseñen a los nuevos discípulos a*

obedecer todos los mandatos que les he dado. Y tengan por seguro esto: que estoy con ustedes siempre, hasta el fin de los tiempos".

(Mateo 28:19-20 NTV)

Pablo estaba recorriendo el mundo conocido en ese tiempo, con la intención de cumplir con el mandamiento que Jesús había establecido. Ellos querían predicar en la provincia de Asia, pero el Espíritu Santo les impidió hacerlo. Luego intentaron pasar a Bitinia, pero una vez más el Espíritu no se lo permitió. Una noche, mientras dormía en la ciudad de Troas, Pablo tuvo una visión de un hombre que rogaba: *"Pasa a Macedonia y ayúdanos"*. (v.9). Pablo estaba convencido de que Dios los había llamado a anunciar el evangelio en Macedonia, por medio de la visión que tuvo. Me pregunto: ¿Qué hubiera pasado si Pablo nada más se hubiera afirmado en lo que Jesús había dicho y no en lo que estaba diciendo en esta situación? Al no darle importancia a lo que el Espíritu de Jesús estaba diciendo en el momento, ¿estaría desobedeciendo a Dios? Pablo le hizo caso a la palabra nueva, fresca de Dios y con grandes resultados en Macedonia para Su gloria. Dios nunca va a contradecir su palabra, pero no tiene ningún problema contradiciendo nuestro entendimiento de su palabra. *"La fe viene por el oír"*.

En el Antiguo Testamento, vemos un ejemplo muy conocido por muchos. Es la historia de Abraham, cuando Dios lo pone a prueba, mandándolo a sacrificar al hijo de la promesa, Isaac. Si Abraham hubiera cumplido con el mandato de Dios sin haber estado pendiente de escuchar una palabra fresca/nueva, habría vuelto de la montaña solo, sin Isaac; pero Dios le habló en el momento, en el acto de sacrificarlo y

Abraham le hizo caso a la palabra de Dios con gozo y gratitud. Alguien me preguntó una vez: "¿Por qué Dios lo mandó a matar a su propio hijo? En primer lugar, el texto dice que esto fue *"una prueba"* para Abraham. En esos tiempos, los dioses de las naciones paganas, demandaban el sacrificio de los niños para demostrar lealtad a ese dios. Era algo "normal" en cuanto a las prácticas religiosas de las naciones vecinas que no conocían a Dios. Dios estaba desarrollando una relación muy especial con Abraham y necesitaba evidencias de su fe y confianza.

> *1 Tiempo después, Dios probó la fe de Abraham.*
> *—¡Abraham!—lo llamó Dios.*
> *—Sí—respondió él—, aquí estoy.*
> *2 —Toma a tu hijo, tu único hijo—sí, a Isaac, a quien tanto amas—y vete a la tierra de Moriah. Allí lo sacrificarás como ofrenda quemada sobre uno de los montes, uno que yo te mostraré.*
> (Génesis 22:1-2 NTV)

Creo que lo que está pasando por la mente de Abraham cuando escuchó ese mandato, era: "Ah, este dios es como todos los demás". Dios le permite subir hasta la cumbre del monte Moriah, levantar un altar de sacrificio, atar a su hijo y levantar el cuchillo. En ese momento, Dios se complace con la gran fe de Abraham y el ángel del Señor grita desde el cielo: "Abraham, Abraham". ¿Por qué? Dios quería que Abraham supiera que Él no es como todos los demás dioses. Él es el Dios de los vivos. Él no pide el sacrificio y la muerte de nadie; más bien, su deseo es que todos tengan vida y en abundancia.

Cuando Dios habla, siempre es una palabra directa, no una en general. Lo hizo con Lázaro, cuando lo resucitó de la muerte. Si Jesús hubiera dicho: "¡Sal fuera!", sin especificar a Lázaro, ¿qué hubiera pasado? Todo muerto habría salido vivo junto con Lázaro. Lo hace con Abraham para establecer su relación como Dios único y especial. Y lo hace con cada uno de nosotros. Presten atención para escuchar su nombre.

Dios bendijo todo

En mis años vividos dentro de la iglesia, escuché muchas prédicas y enseñanzas que nacieron de la historia que se relata en 2 Samuel 6. El texto cuenta lo que pasó cuando el rey David y los sacerdotes bajan al valle para cargar el arca de la presencia de Dios, de vuelta a la ciudad de Jerusalén. Le acompañaron treinta mil escogidos de Israel, era un día de fiesta. Colocaron el arca sobre una carreta nueva, tirada por una yunta de bueyes. En el camino hacia arriba, los bueyes tropezaron y el arca empezó a tambalearse. En su preocupación por el arca, el sacerdote Uza extendió su mano para sujetarla. Al tocarla, el furor de Dios se encendió contra él y Uza cayó muerto. El rey David se enojó con el Señor y volvió a Jerusalén sin el arca del testimonio.

Por muchos años, esta historia me molestó. Me costó entender el por qué Dios lo mató. Uza tenía buenas intenciones, no quería que el arca se cayera al suelo. No quería que se ensuciara o rompiera al chocar con las piedras y tierra. Con el tiempo, entendí lo que motivó a Dios para reaccionar de esa manera.

En <u>primer lugar</u>, Dios lo había dejado bien claro, que el arca solamente podía ser trasladado por sacerdotes y ellos cargándolo sobre sus hombros. La carreta nueva era un gesto de realeza, pero es hecha por manos de hombres. Dios dio instrucción que solo sacerdotes podían cargarlo. Seguro que la subieron a la carreta con las varas, porque nadie murió.

En segundo lugar, Dios había dicho que cualquiera que tocara el arca, moriría. Había un clan especial de levitas, a los que le correspondía trasladar el arca y otras cosas sagradas. Aunque su tarea era llevar las cosas sagradas, aún ellos no podían tocarlas. Números 4 y 7 describe su misión. Uza, aunque tuvo buenas intenciones, rompió este mandamiento. Dios, que es siempre fiel a su palabra y la cumple, tuvo que matar a Uza. Le pedí al Señor que me enseñara más sobre esta triste historia. Dios me dijo: ¿Qué es más limpio desde mi perspectiva? ¿La tierra o la mano de un hombre? Claro, la tierra es más limpia, siempre obedece a Dios, nunca se ha rebelado contra Él. En contraste, el hombre es la única parte de la creación que se ha rebelado y se cree inocente y limpio ante Su presencia. A los ojos de Dios, la mano de Uza estaba más contaminada, por cuestión del pecado que infectaba todo su ser.

El rey David y el pueblo vuelven a Jerusalén sin el arca de la presencia de Dios. Un hombre llamado Obed-edom decide llevarse el arca a su casa mientras tanto. Me imagino que unos sacerdotes lo cargaron hasta su hogar. Él lo custodió, aunque no era sacerdote ni profeta. Obed-edom era un hombre cualquiera, pero temía al Señor. El arca se quedó en su casa por tres meses, hasta que el rey David escuchó la noticia que Dios "bendijo a Obed-edom y a toda su familia". Bendición reinó sobre todo lo que Obed-edom poseía. Su tierra, ganado, familia, finanzas, etc. recibió abundante bendición. Viendo eso, David cambió de opinión y trajo el arca a Jerusalén. Él deseaba la misma bendición que Dios había derramado sobre Obed-edom.

¿Por qué les estoy contando esta historia? Porque presencié lo mismo con un hombre mapuche, cuando empezó a seguir a Jesús. Se llama Pedro Montupil y vive en la comunidad de Maquehue, en las afueras de Temuco, Chile.

Pedro tenía a su esposa y a sus dos hijos viviendo en una choza precaria. El viento del invierno chileno pasaba por medio de las tablas y mantenía el interior helado, a pesar de tener siempre el fogón encendido con leña. La familia no seguía a Jesús, sino que seguían las costumbres y creencias tradicionales del pueblo Mapuche. Pedro vivía con un temor que siempre le acompañaba, posiblemente por la influencia de su vecina, que era una "machi", una bruja. La pobreza aumentó a falta de animales y fruto de su propio terreno. Todos sus animales daban a luz a criaturas muertas, hasta que ellos mismos murieron. Pedro se quedó sin animales. Además, los árboles frutales no daban su fruto. Las semillas que plantaba, no rendían su fruto tampoco. O sea, todo lo que descansaba sobre su terreno, estaba muerto. Lo único que tenía vida, era la familia.

En el año 1995, la esposa de Pedro se enfermó gravemente y falleció. Pedro no tenía dinero para comprar un ataúd, por lo tanto, sacó las tablas de la mitad de su humilde habitación y él mismo lo hizo. Pedro quedó viudo con dos niños pequeños y sin ningún recurso para mejorar su condición.

La iglesia "El Buen Samaritano" de la Alianza Cristiana y Misionera, quedaba a una corta distancia de su campo. Cuando se enteraron de su pérdida, fueron a visitarlo. Le llevaron víveres para poder alimentar a sus hijos y dieron testimonio de Cristo Jesús y la transformación que Él podía traer a su vida. Ese mismo día, Pedro decidió seguir a Jesús. La realidad de su entrega se manifestó esa noche, cuando Pedro se acostó para dormir. Tenía un fogón en el suelo de tierra para mantener la choza más o menos cálida, porque hacía frío. Cuando se tendió en la cama, Pedro vio una figura negra acercarse y subirse sobre él, con la intención de matarlo. Esto no era un sueño ni una visión. Pedro apenas se había acostado. La figura tenía forma humana, pero Pedro no podía ver detalles como ojos, pelo, oídos, etc. Pedro no podía respirar, la figura lo estaba aplastando con su peso. El temor lo estaba dominando durante esta experiencia. No podía hablar, no podía moverse. Estaba paralizado física y emocionalmente. De repente, Pedro expulsa una sola palabra de su boca y dice: "¡Jesús!" En ese mismo instante, Pedro recobra sus fuerzas, se aferra a esta figura y la lanza al fogón. Cuando la figura cae en el fogón, el fuego hace que explote y se desvanezca. Inmediatamente, fue liberado del temor que lo había seguido toda su vida. En su lugar, el gozo del Señor lo llenó por completo. Conocí a Pedro unos días después de esta experiencia.

La primera vez que visité a Pedro en su campo, me di cuenta de que en realidad no tenía nada, aún su pozo de agua estaba seco. Aunque sus vecinos tenían agua en sus pozos, ninguno le compartía. Pedro caminaba dos kilómetros al río Quepe todos los días, para traer agua en una carretilla a su casa. A veces, su hija Sofía de 10 años lo hacía. Pedro me llevó de un rincón a otro de su terreno y vi que la tierra parecía ser infértil. Mientras estábamos parados, mirando la profundidad de su pozo, la historia de Obed-edom se me vino a la mente. Pedro no sabía nada de la Biblia, todo era nuevo. Le conté que *la presencia de Dios en la casa de Obed-edom produjo una gran bendición sobre todo lo que Obed-*

edom poseía. Luego le pregunté: "¿Crees que Dios podrá volver a hacer lo mismo aquí contigo y tu campo? Has invitado a la presencia de Dios a tu casa cuando le entregaste tu vida. Él vino a hacer su morada aquí, contigo. Pidámosle que lo haga ahora mismo". Como Pedro no sabía lo que era la oración, miré al cielo y luego a su campo, y le pedí a Dios que hiciera este mismo gran milagro, para la gloria del Padre en el nombre de Jesús. Miré dentro del pozo, esperando ver un chorro de agua salir de la profundidad, pero nada pasó. Tuve que luchar con la desilusión interna, porque quería ver las profundidades abriéndose, entregando su agua. Me tuve que rendir una vez más, mis expectativas no controlan a Dios ni dictan Sus actos. La manera en que Dios realizó el milagro, era más impactante que la idea que yo tenía en mi mente.

Pocas semanas después, estaba en la Clínica de Temuco recibiendo a nuestra segunda hija, Lydia Beth Volstad, que nació el 4 de diciembre de 1995. Ese mismo día, volví a visitar a Pedro en el campo y me acompañó mi hija Leah Rachelle, porque el grupo de jóvenes de la iglesia "El Buen Samaritano", había programado un evento especial para bendecir a Pedro y sus hijos. Unas quince a veinte personas fueron donde Pedro, con la intención de llevar alimentos y cavar en el pozo hasta encontrar agua. Alguien trajo un chancho (cerdo), para comer. Como Pedro no tenía una parrilla, se hizo un hoyo en la tierra, poniendo piedras y leña adentro, luego se prendió el fuego. Una vez que se calentaron las piedras, los trozos de chancho cortados con un hacha, fueron tendidos sobre ellas. El hoyo se tapó con hojas grandes, para que se transformara en horno. Alrededor del pozo había varios varones trabajando. Dentro del pozo estaba un joven cavando con una pequeña pala. Intercambiaban este trabajo, porque no había mucho aire en esa profundidad. El joven ponía la tierra dentro de un balde y una vez lleno, alguien lo tiraba hacia arriba, lo botaba hacia un lado y luego lo bajaba. Miré dentro del pozo y no podía ver al joven, porque estaba a gran profundidad. Después de varias horas de trabajo y una rica comida de papas con carne de chancho, el joven que estaba en el pozo (creo que era Claudio Millañir), dio un grito: "Hay agua, sáquenme de aquí". Los jóvenes lo tiraron del pozo, usando el lazo que estaba atado a su cintura. Salió con las piernas mojadas. Con tiempo, el nivel de agua en el pozo subió más y más. Algo interesante pasó el año siguiente. Los pozos de sus vecinos se secaron, pero el suyo no. Pedro compartió su agua con ellos, aunque estos nunca lo habían hecho con él cuando su pozo estaba seco. El amor y la compasión de Dios en Pedro, lo movió a bendecir a sus enemigos, hasta la machi/bruja.

Aprendí que muchas veces, Dios usa a otras personas para realizar un milagro. Dios fácilmente podría haber sacado agua del pozo a solas, sin usar a nadie, pero Él sabía que Pedro y sus hijos necesitaban el amor de la iglesia, demostrado en diversas formas, para establecerlo en su nueva vida. Al fin, Dios le dio agua y lo hizo de una manera especial. Además, los jóvenes que participaron ese día, recibieron una gran bendición al poder ser parte de ese milagro. Hubo mucha alegría ese día, nos gozamos todos.

Pedro tenía agua, pero no tenía animales ni siembra. Volví a orar con Pedro, empezando con la gratitud por el agua que Dios había provisto. Oramos por su terreno, que Dios lo transformara en terreno fecundo y productivo. También oré por animales vivos que reproducirían criaturas vivas. No sabía cómo lo iba a hacer. ¿Resucitándolos de la muerte?

Unas semanas después, un amigo de Estados Unidos vino a Temuco y estuvo ministrando en varias iglesias, el pastor Don Young. Pasé tiempo con él y le conté de Pedro y su necesidad. El día en que el pastor Don iba a salir de Temuco, me pasó un sobre. Dentro del sobre había una carta que decía: "Mark, esto es para que compres animales a Pedro". Acompañando la carta, el pastor había regalado el dinero. Encontré gracioso el hecho de que este dinero estaba destinado para la compra de animales y la palabra en mapudungun (el idioma de los mapuche) para dinero, es "kulliñ", que significa animales. Otra persona se está sumando al milagro.

Fui al campo de Pedro para entregarle el dinero y la carta del pastor Don. Se gozó bastante y me dijo dónde podríamos ir a conseguir algunos cerdos. Fuimos en mi auto, un Chevrolet Trooper, a un campo que quedaba a unos 15 o 20 minutos. No lo sabía, pero ésta fue una de las peores decisiones de mi vida. Iba a transportar tres chanchos vivos, no muertos, dentro de mi auto. Nunca lo había hecho, otros animales sí, pero cerdos, no. Entre cuatro pudimos meter a estos tres animales dentro del vehículo y volvimos al terreno de Pedro. Los chanchos se hicieron por todo el interior. El olor era tan fuerte, que bajamos las ventanas para poder respirar. Yo esperaba que uno de ellos saliera por la ventana, escapando al bosque. Era una locura total. Al fin llegamos a la propiedad de Pedro y bajamos a los animales. Los teníamos atados con una correa, para que no se nos escaparan. La primera cosa que hicimos, fue bendecirlos y hacer una declaración de que ellos vivirían y darían a luz criaturas vivas, en el nombre de su creador, Cristo Jesús.

Al mismo tiempo, oramos por su terreno y sus árboles frutales. Su campo no estaba produciendo fruto ni grano, una maldición estaba sobre su tierra. En oración deshicimos toda maldición y declaramos vida y abundancia. Dirigí a Pedro en una declaración, donde él proclamaría que todo su terreno ahora le pertenece al reino de Dios y de Cristo Jesús.

Pasaron algunos meses sin visitar a Pedro, pero cuando llegué a la entrada de su campo, su hija salió a recibirme. Ella estaba gritando: "¡Están vivos, están vivos!" Le pregunté a qué se refería. Me dijo: "Los chanchitos están vivos, nacieron vivos y los pollitos también". ¡Qué alegría y gozo me dio escuchar y ver el milagro delante de mí! Alcé mi vista y vi que los frutales habían florecido, pero ¿darían su fruto? Seguro, semanas después, todos los árboles frutales estaban llenos de fruta. Ésta era la provisión de Dios, tanto para Pedro y sus hijos, como para sus animales. Yo estaba presenciando una transformación sobrenatural en este lugar. Un hombre sencillo, nuevo en el camino de Dios, puso su fe en Dios para hacer lo imposible y lo vio. Pero hay más.

Como Pedro vivía en una choza muy precaria, un hermano chileno de la primera iglesia de la Alianza Cristiana y Misionera de Temuco, donó una gran cantidad de madera elaborada, para poder construirle una casa más acogedora. Tuve la dicha de cortar unos eucaliptos con Pedro y usarlos para formar la estructura de su casa. Al tiempo, Pedro tuvo una mejor vivienda y usó la choza como galpón para almacenar bienes.

Aunque Pedro había recuperado animales, el fruto de sus árboles y una nueva casa, no tenía un huerto para cultivar papas y verduras. El terreno más amplio, estaba despejado, ninguna siembra se había visto en años allí. Le pedimos a Dios, que su Espíritu siguiera manifestando más de su reino en la tierra, como lo hace en el cielo. Hicimos la declaración: "Tierra, en el nombre de Jesús, sé productiva como Dios te diseñó desde el principio. Rompemos toda maldición sobre ti, en el nombre de Jesús".

Tres meses después, salí del país con mi familia, era nuestro año de gira en Estados Unidos después de estar cuatro años haciendo misiones. Salimos del país en el mes de julio. Todo chileno que vive en el sur del país, conoce el frío que hace durante el invierno. Y no se olviden de las lluvias y aguaceros. Hice un viaje a Chile en febrero, durante la temporada de verano e intencionalmente fui a visitar a Pedro. Para mí, no hay nada más hermoso que andar por los campos de comunidades mapuche en el verano. Con la ventana abierta en mi auto, respiraba la fragancia autóctona de La Araucanía. La puedo oler ahora mismo, mientras escribo este capítulo en un salón en el norte de California.

Casi pasé de largo la entrada al terreno de Pedro, porque ya no se veía igual. La entrada eran tres cables de alambre de púas atadas a un palo que se conectaba a un poste por medio de clavos doblados. Cuando fijé mi vista, me di cuenta de que, desde la entrada hasta todos los rincones de su campo, estaba repleto de trigo maduro. Detrás de su casa, Pedro tenía verduras, papas, zanahorias, etc. El panorama me dejó asombrado y casi incrédulo. La transformación era radical. *De la muerte a la vida. De la ceguera a la vista. De las tinieblas a la luz.* ¿Me entienden? Increíble.

Pedro me llevó por su campo, mostrándome las distintas siembras que estaban creciendo y a punto de cosecharse. Mientras paseábamos, Pedro me contó lo siguiente: "Un día estaba trabajando en el huerto, cuando escucho a alguien llamarme por mi nombre: ¡Pedro! Me levanté y miré alrededor, no vi a nadie, así es que continué trabajando. Otra vez escuché mi nombre: ¡Pedro! Miré dentro del pequeño bosque, para ver si alguien estaba jugando conmigo, pero no encontré a nadie. Por tercera vez, la misma voz me llamó: ¡Pedro! y esta vez respondí, aquí estoy. Era la voz de Dios. Él y yo conversamos en mi campo y lo único que puedo hacer, es inclinarme delante su presencia y adorarle".

Me dieron celos. Pedro estaba teniendo experiencias con Dios que yo anhelaba tener toda mi vida. Siempre quería escuchar la voz audible de Dios. Le enseñé a Pedro, que la Biblia no es Dios, que la Biblia no contiene a Dios. Dios es más grande que Su Libro. La Biblia cuenta las experiencias que personas han tenido con Dios y eso nos debe preparar para tener nuestras propias experiencias con Él. El propósito de la Biblia es dirigirme a encuentros con Dios. La Biblia no me cambia, es mi encuentro/experiencia con Dios lo que me transforma. Los fariseos se sabían la Palabra de Dios (Antiguo Testamento), pero estaban lejos de Él. *"Escudriñen las escrituras, porque les parece que en ellas tienen vida eterna y ellas son las que dan testimonio de mí. Y ustedes no quieren venir a mí para que tengan vida"*. (Juan 5:39 NTV). La Escritura sin una experiencia con Jesús, es nada más que religión. Es forma sin poder.

Al contar este testimonio, una vez más me da escalofríos. La verdad es que "el testimonio de Jesús es el espíritu de la profecía". Apocalipsis 19:10. Al leerlo, que Dios haga renacer todo sueño que había muerto en tu corazón. Que cualquier área de tu vida que no está produciendo, sea transformada en abundancia. Para la mujer estéril, que el Espíritu de Dios la sane, haciendo que su vientre sea fecundo y fructífero, para la gloria de Dios Padre. Y que el pastor que necesita nuevos encuentros con el Espíritu Santo, tenga sueños y visiones que lo transformen. Que no se quede en la rutina, sino que cada día sea nuevo al recibir y comer el pan que cae del cielo.

Dios, hazlo otra vez.

El amor supera el temor

Me acuerdo la primera vez que le pedí al Espíritu Santo que se manifestara con sanidad durante un servicio dominical. Le pedí, además, que me diera una *palabra de conocimiento* junto con la unción para sanar.

Habíamos llegado a la culminación del servicio y vi en mi mente la cadera de una mujer que se había lastimado y estaba con dolor. Me puse nervioso y me llené de temor, porque no estaba seguro si esto era de Dios o si yo mismo había creado este pensamiento. Muchas imágenes pasaron por mi mente en ese momento. No quiero hacer el ridículo si revelo lo que estoy viendo y nada pasa. Para mí, era un momento crucial. ¿Es mi amor por Dios y los demás más grande que mi temor a los hombres?

Respiré profundo y solté la palabra, arriesgándome. Me acordé lo que había escuchado una vez en la prédica de un pastor que ministra mucho en el poder de Dios. Él dijo: "¿Cómo se escribe la palabra fe? Se escribe: R-I-E-S-G-O". Es cierto, lo que Dios espera de nosotros no lo podemos realizar sin fe en Él, porque todo es imposible en nuestras fuerzas. Si me limito a lo que puedo hacer en mi inteligencia y talento, limito el plan y la voluntad de Dios.

Le dije a la congregación de la iglesia Cristo Salva: "Creo que hay alguien presente en esta mañana, que tiene mucho dolor en su cadera por el lado izquierdo y creo que el Señor le quiere sanar ahora". Lo declaré sin estar seguro de que Dios iba a responder de esa manera, o sea, de que Dios iba a hacer lo que yo había dicho.

Después de una eternidad, en realidad eran segundos, una señora joven que estaba sentada en la última fila, se levantó y dijo: "¿Cómo sabías eso de mí?" Extendí mi mano hacia ella y dije: "Sea sana en el nombre de Jesús". Luego la animé a que empezara a pasear, para poner a prueba si la sanidad la había tocado. ¡Qué asombro y alivio me dio, cuando declaró a toda la iglesia que el dolor había desaparecido! Ella continuaba paseando atrás, mientras la congregación aplaudía y le daba gloria a Dios por lo que habíamos presenciado. Ésta era la primera de muchas sanidades y milagros que vimos dentro de la iglesia.

Me gustaría decirles que tuve mucha fe y confianza en Dios cuando hice eso, pero la realidad era todo lo opuesto. Estaba temblando y con dudas si algo iba a pasar.

Aprendí muchas cosas ese día. Una de ellas, es que el tamaño o la medida de mi fe no es la clave para ver milagros. No estoy diciendo que no es importante, por supuesto que lo es, es indispensable. Creo que el tamaño de mi fe ese día era igual a una semilla de mostaza. "¿Cómo será posible?" Así pensaba. Aprendí que la clave es la obediencia, que activa la fe en lo que Dios ha dicho.

Una segunda lección se basa en un texto bíblico que conocía, pero lo viví de una manera nueva. En (Mateo 7:9-11 NTV), Cristo Jesús está enseñando a sus seguidores las verdades y valores de su reino, y cómo es el Padre, cuando les pregunta:

> *9 "Ustedes, los que son padres, si sus hijos les piden un pedazo de pan, ¿acaso les dan una piedra en su lugar?*
> *10 O si les piden un pescado, ¿les dan una serpiente? ¡Claro que no!*
> *11 Así que si ustedes, gente pecadora, saben dar buenos regalos a sus hijos, cuánto más su Padre celestial dará buenos regalos a quienes le pidan.*

Éste es uno de esos versículos que dan ánimo en tiempos difíciles, pero para mí tomó un significado muy personal. Si le pido a Dios que me dé una palabra de conocimiento para sanar a alguien que está sufriendo, ¿me daría algo diferente? ¿Me diría una mentira en vez de la verdad? Si le pido pan, mi buen Padre me dará pan. Si le pido una palabra, Él me dará una palabra. Me corresponde a mí creer, tener fe, de que Él me va a responder. También me corresponde poner atención a lo que Él me va a revelar.

Una tercera lección que aprendí, es que la obediencia hace crecer nuestra fe. Ese domingo, al ver esa sanidad, mi fe aumentó y desde ese día, decidí nunca volver atrás, viendo cómo Dios no solo puede, sino que quiere sanar, salvar, liberar y restaurar a los que sufren bajo la consecuencia del pecado. No he vuelto a ministrar igual. Antes solo compartía la Palabra y eso en sí está bien, pero había más. Desde ese día, uní la predicación de la Palabra de Dios y la demostración del poder de Dios, para dar confirmación a Su Palabra.

Nuestra identidad en Cristo

Cuando era niño, en Temuco-Chile, el Instituto Bíblico quedaba al lado de nuestra casa. Éste tenía en la parte de atrás, un lugar para estacionar, una leñera grande y un gallinero. Por supuesto, el gallinero suplía la carne para los estudiantes y tenía tanto gallinas como gallos. Una vez, un estudiante nos regaló un choroy, que es un loro que sobreabunda en la Cordillera de Los Andes, en el sur de Chile. Como no teníamos una jaula para cuidarlo, mis padres decidieron dejarlo junto con las gallinas en el gallinero. Un loro entre los pollos, todo va a estar bien, porque ambos son aves, ¿cierto?

Dentro de muy poco tiempo, vimos algo muy gracioso, nuestro choroy estaba actuando como si fuera una gallina. Se movía como una gallina, pescando semillas del suelo y cloqueando como todos los demás. Él se creía un pollo y de los pollos, un gallo. Esta creencia trajo su destrucción. Una mañana, cuando salí a verlo, lo encontré muerto, tirado bajo las patas de dos gallos.

Lo que creemos que somos, determinará no solo la trayectoria de nuestra vida, sino nuestra relación con Dios. Si no creo que soy un verdadero hijo de Dios, voy a vivir mi vida dudando del amor de Dios y, además, no lo voy a ver como un buen Padre mío, que suplirá todas mis necesidades. Es sumamente importante pensar con una mente transformada, que está establecida en la verdad de nuestra genuina identidad en Cristo Jesús.

Esta lista declara quiénes somos en Cristo Jesús. Si te encuentras en conflicto con una verdad, pídele al Espíritu Santo, que su bondad te traiga al arrepentimiento (Romanos 2:4). Él te guiará para cambiar las convicciones de tu corazón. Aquí les muestro su Carné de Identidad como ciudadanos del reino de Dios.

- Soy hijo/a de Dios (Juan 1:12).
- Soy amigo de Jesús (Juan 15:15).
- Ya no soy esclavo, sino un hijo/a (Gálatas 4:5-7).
- He sido adoptado como hijo/a (Romanos 8:15, Efesios 1:5).
- Soy heredero de Dios, porque soy su hijo/a (Gálatas 4:6-7).
- Dios es mi Padre espiritual (Romanos 8:14-15, Gálatas 3:26).
- Soy coheredero con Cristo, compartiendo su herencia con Él (Romanos 8:17).
- Soy miembro del cuerpo de Cristo (1 Corintios 12:27, Efesios 5:30).
- Soy salvo por la gracia, mediante la fe y no por obras (Efesios 2:8-9).
- Jesús me liberó del dominio de las tinieblas y me trasladó a su reino (Colosenses 1:13).
- He sido perdonado de todos mis pecados (Colosenses 2:13).

- Soy esclavo de Dios (Romanos 6:22).
- Soy un templo, la morada de Dios. Su Espíritu y su vida moran en mí (1 Corintios 3:16, 6:19).
- Soy ciudadano del cielo (Filipenses 3:20).
- Soy ciudadano con los demás de la familia de Dios (Efesios 2:19).
- Somos peregrinos y extranjeros en este mundo, donde estamos temporalmente (1 Pedro 2:11).
- Estoy escondido con Cristo en Dios (Colosenses 3:3).
- Soy escogido de Dios, santo y amado (Colosenses 3:12; 1 Tesalonicenses 1:4).
- Tengo parte con Cristo, comparto su vida (Hebreos 3:14).
- Soy una de las piedras vivas de Dios, siendo edificado en Cristo como una casa espiritual (1 Pedro 2:5).
- He sido comprado por un precio, le pertenezco a Dios (1 Corintios 6:20).
- Soy una criatura nueva, lo viejo ya pasó, lo nuevo ha llegado (2 Corintios 5:17).
- El pecado no es mi maestro (Romanos 6:14).
- He sido librado del pecado (Romanos 6:18).
- Tengo la inclinación a hacer justicia (Romanos 6:18).
- Soy santo (1 Corintios 1:2, Efesios 1:1, Filipenses 1:1).
- Soy esclavo de la justicia (Romanos 6:18).
- Soy justo y santo (Efesios 4:24).
- Soy hijo/a de la luz y no de las tinieblas (1 Tesalonicenses 5:5).
- Soy miembro de un pueblo escogido, real sacerdocio, nación santa, pueblo que le pertenece a Dios (1 Pedro 2:9-10).
- He sido justificado (Romanos 5:1).

- Tengo acceso directo a Dios, por medio del Espíritu Santo (Efesios 2:18).
- He sido redimido y perdonado de todos mis pecados (Colosenses 1:14).
- Estoy completo en Cristo (Colosenses 2:10).
- He sido establecido, ungido y sellado por Dios (2 Corintios 1:21-22).
- Estoy unido al Señor y soy un espíritu con Él (1 Corintios 6:17).
- Morí con Cristo (Romanos 6:5,8).
- Fui crucificado con Cristo (Gálatas 2:20, Romanos 6:6).
- Fui sepultado con Cristo (Romanos 6:4).
- Resucité con Cristo (Romanos 6:5).
- Estoy sentado con Cristo Jesús en lugares celestiales (Efesios 2:6).
- Puedo resistir al diablo y él huirá de mí (Santiago 4:7).
- Dios me ha dado armadura espiritual (Efesios 6:12-18).
- Puedo mantenerme firme ante las artimañas del enemigo (Efesios 6:11).
- Puedo estar fuerte en el Señor y en el poder de su fuerza (Efesios 6:10).
- Tengo la victoria mediante Cristo Jesús (1 Corintios 15:57).
- Soy más que vencedor (Romanos 8:37).
- He vencido al mundo (1 Juan 5:4).
- Mis armas son poderosas para derrumbar las fortalezas de las tinieblas (2 Corintios 10:3-4).
- Más grande es el que está en mí, que el que está en el mundo (1 Juan 4:4).
- Se me ha dado la autoridad sobre los poderes del enemigo y el enemigo no me podrá hacer daño (Lucas 10:19).

- No he recibido espíritu de temor, sino de poder, de amor y dominio propio (2 Timoteo 1:7).
- He nacido de Dios y el enemigo no me puede tocar (1 Juan 5:18).
- Puedo hallar gracia y misericordia en mi necesidad (Hebreos 4:16).
- Soy una rama de la verdadera vid, un conducto de su vida (Juan 15:1,5).
- He sido escogido y designado para dar mucho fruto (Juan 15:16).
- Tengo la seguridad de que todas las cosas ayudarán para mi bien (Romanos 8:28).
- Soy libre de toda acusación que viene contra mí (Romanos 8:31-34).
- No puedo ser separado del amor de Dios (Romanos 8:35-38).
- Todo lo puedo en Cristo que me fortalece (Filipenses 4:13).
- Estoy convencido de que la buena obra que Dios ha comenzado en mí, será perfeccionada (Filipenses 1:6).
- Soy un ministro de la reconciliación (2 Corintios 5:17-21).
- Soy la sal de la tierra (Mateo 5:13).
- Soy la luz del mundo (Mateo 5:14).
- Soy colaborador de Dios (1 Corintios 3:9, 1 Corintios 6:1).
- Nunca estoy abandonado o desamparado (Hebreos 13:5).
- Soy hechura de Dios, creado para realizar sus obras (Efesios 2:10).
- Soy una expresión de la vida de Jesús, porque Él es mi vida (Colosenses 3:4).

Mentiras que personas creen

Nadie me quiere.
No puedo hacer nada bien.
Me odio.
No me gusta la gente.
No me quiero a mí mismo.
Todo lo que hago, sale mal.
Siempre me siento avergonzado.
Merezco una vida asquerosa.
No merezco ser libre.
No soy lo suficientemente bueno para encontrar una pareja.
No puedo hacer amistades.
No soy amable.
No puedo ser un buen padre/madre.
La vida no tiene sentido para mí.
Dios está esperando el momento propicio para darme una paliza.
Dios me odia.
Dios me desprecia.
Soy un desecho de Dios.

Todos los demás son favorecidos, menos yo.
Siempre estoy asustado.
No puedo controlar mi temor.
No puedo controlar mi enojo.
Soy un fracaso.
Soy insignificante.
Dios quiere a los otros más que a mí.
No tengo dominio propio.
Estoy destinado a fallar.
No puedo tener la victoria.
El diablo tiene poder sobre mí.
No puedo decir la verdad.
La mentira es más fácil que la verdad.
Me siento rechazado.
Me siento abandonado.
Tengo que menospreciar a otros para sentirme mejor.
Me siento amenazado cuando otros que me rodean son estimados.

IDENTIDADES FALSAS QUE PERSONAS ASUMEN

Soy una víctima.
Soy pesimista.
Soy dominante.
Soy controlador.
Soy manipulador.
Soy iracundo.
Soy una persona desorientada, confusa.
Soy una persona necesitada.
Soy rebelde.
Siempre me siento juzgado.
Soy un mentiroso.
Soy una persona negativa.
Soy un perverso.
Soy crítico.
Soy una persona amargada.
Soy desconfiado (no puedo confiar en otros).
Otros no pueden confiar en mí.
Soy una persona cerrada.

CUANDO LA FE Y LA GRACIA SE BESAN

Soy antipático.
Soy temeroso.
Soy cobarde.
Soy un fracaso.
Me auto condeno.

La palabra de conocimiento y la sanidad

Alrededor del año 2017, fui invitado a ser parte de un retiro de familias para iglesias hispanas de la Alianza Cristiana y Misionera. Ese fin de semana se llevó a cabo en el campamento de la Alianza, que se ubica en las afueras de Santa Rosa, California. La invitación se extendió a las iglesias que se encuentran en el oeste de Estados Unidos.

El comité que estaba organizando el evento (yo siendo uno de ellos), decidió que las prédicas se enfocarían en los cuatro pilares fundamentales de la denominación, mejor conocido como "El Evangelio Cuádruple". Cristo Jesús nuestro SALVADOR, SANTIFICADOR, SANADOR Y REY QUE VIENE. Como todos los miembros del comité eran pastores de la Alianza, se repartieron los cuatro temas entre sí. Unos me preguntaron si podría tomar el tema del SANADOR y presentar un mensaje explicando lo que es la "sanidad", según la denominación. Creo que me ofrecieron ese tema, porque en otras ocasiones, les había contado de las sanidades que estábamos viendo en nuestra iglesia. Acepté la petición, pero les dije: "Será un privilegio compartir este tema con los hermanos, pero con una condición: Si voy a predicar y enseñar sobre la sanidad, quiero que sepan que también lo voy a hacer, lo voy a demostrar".

¿De qué sirve hablar por horas sobre la pesca, si no se enseña cómo pescar? Cuando hablo sobre la sanidad, también quiero activar a los que están escuchando, en cómo hacerlo, por medio de ejemplos que les doy. Así lo hizo Jesús. Sanó a personas, mientras sus discípulos le observaban; luego Jesús les dio autoridad y poder para sanar y echar fuera demonios. El comité estuvo de acuerdo y aceptó mi propuesta.

Me correspondió entregar el mensaje el día sábado del retiro, a las 10:00 de la mañana. Le di gracias a Dios que no era el servicio de la noche, porque muchos estarían cansados y otros, no vendrían a causa de sus pequeños, que no aguantaban más actividad y se rendían al sueño. Los tenía frescos.

Es mi costumbre orar a solas antes del servicio. Le pido al Espíritu Santo que me fortalezca, que me dé discernimiento y un corazón compasivo. Además, le pido por palabras de conocimiento. Éstas son palabras que revelan una verdad sobre algo que en lo natural no conocía. Podría ser algo en el pasado, presente o futuro. Mientras aguardaba en silencio, escuché ciertas palabras sueltas que tenían que ver con enfermedades y aflicciones. Escuché estas palabras, porque pedí específicamente. Si nunca pedimos en oración, declarando lo que queremos que Dios haga, ¿cómo vamos a saber cuándo Dios da la respuesta? "Dios bendice a los misioneros" es una buena oración, pero perderás el gozo de ver una oración contestada. Si oras contra el cáncer que está arrasando con el cuerpo de la esposa del pastor y declaras su restauración con una sanidad completa en el nombre de Jesús, saltarás con un aleluya en tus labios, cuando el testimonio de la hermana glorifique al Padre celestial por su sanidad y restauración.

Siempre tengo un papel y un lápiz durante mi tiempo de oración, para anotar lo que escucho y veo en la pantalla de mi mente. Al percibir las palabras, las anotaba en el papel, porque las iba a usar para el ministerio de sanidad al final del mensaje. Entre éstas, estaba el hígado, la rodilla derecha, un oído sordo, etc. Puse unas siete en la lista. Otra cosa que he aprendido, es que Dios no se limita a la lista que te da. La lista sirve para aumentar la fe del que trae una necesidad. Cuando Dios empieza a tocar a ciertos enfermos, la unción que se está manifestando, sirve para animar a los demás, cuya aflicción no fue nombrada. Cómo hacer andar un auto, es una ilustración sencilla para explicarlo. Cuando uno le da vuelta a la llave, un pequeño motor comienza a girar y ese pequeño motor enciende el gran motor. Las palabras que Dios revela, son como ese pequeño motor, usándolas con fe, sirven para abrir un ministerio más extenso.

Pensé que había llegado al fin de la lista y esperé unos segundos más, por si acaso (por si las moscas, para mis hermanos chilenos). Pude percibir en mi mente que había más, por lo tanto, me enfoqué. Lo que escuché/percibí era algo tan específico, que pensé descartarlo. Ésta fue la primera vez que recibí una palabra de conocimiento con tantos detalles de una persona. "No es posible", pensé. La duda y el temor estaban influenciando mis pensamientos, para no colaborar con el plan de salvación que Dios tenían en su corazón esa mañana. Esto es lo que percibí. "Hay una señora presente, de unos cincuenta años, que hace cinco años se cayó de una escalera en su cocina, se lastimó el cuello y ha estado con dolor crónico desde ese entonces". Nunca en mi vida había recibido algo semejante a esta palabra. Palabras sueltas sí, pero ¿una historia con detalles? No.

Cuando enseñé sobre la sanidad, usé ejemplos reales de gente en nuestra iglesia y de otros que Dios había sanado milagrosamente. El testimonio más reciente, es el que más impacto tiene. Compartir un milagro bíblico es tremendo, pero para el corazón del necesitado, él/ella quiere escuchar algo que Dios hizo hace una semana o dos. Esto significa que Dios sigue activo hoy, hace milagros hoy, me escucha hoy, está vivo hoy.

Preparé a la congregación para lo que venía. Para la mayoría, esto sería algo anormal en sus iglesias locales. Les dije que Dios me había dado palabras, que me había alumbrado ciertas enfermedades y que las iba a mencionar. Si alguien tenía esa enfermedad, les pedí que se pusieran en pie. Había gente de nuestra iglesia presente en el retiro y les había pedido ayudarme en el ministerio de sanidad (no era una novedad para ellos). Cuando terminé con la lista, mencioné que había una más y que ésta traía detalles. Por dentro, estaba muy inseguro e inquieto, si debía decirlo o no. Mis ojos se quedaron fijos en el papel. No quería ver a nadie a los ojos. Al fin, decidí arriesgarme con esta palabra y dije: "Creo que hay una señora de cincuenta y tantos años aquí presente, que hace cinco años se cayó de una escalera en su cocina y se lastimó el cuello, que hasta el día de hoy le sigue doliendo". Me costó mantenerme en la plataforma, quería bajar de allí y esconderme por un par de días, porque nada estaba pasando. Nadie levantó su mano, nadie respondió en forma positiva. Lo que para mí era una eternidad, en realidad era menos de un minuto, entonces les dije: "Tal vez escuché mal".

Tengan cuidado, no creen una respuesta teológica para sentirse mejor con algo que no pasó. Mucha teología errónea ha tenido su origen en algo que no pasó, porque la persona ministrando no sabía qué hacer o decir cuando nada pasa. Muchos se respaldan en el famoso: "Los caminos de Dios son misteriosos" o "fue a causa de la falta de fe" de parte del que estaba recibiendo la oración. Les comparto esto. Si nada pasa, sigue orando por la sanidad. Si nada cambia, pregúntale al Espíritu Santo. Si no hay respuesta, dile a la persona que no sabes el por qué, pero no le digas que es su culpa. Esa persona vino en fe, pidiendo oración y seguro que nosotros oramos en fe. Si no te sientes bien con la falta de un cambio, está bien. Esto no se trata de ti.

En el evangelio de Marcos, encontramos una ilustración profunda de lo que debemos hacer con el misterio, cuando nada aparentemente pasa. Jesús acaba de pasar un retiro de fin de semana en un monte alto, junto con Pedro, Jacobo y Juan. Era tan maravilloso el encuentro, que los discípulos no querían bajar a la vida cotidiana, pero Jesús sabe que no tendrán ningún impacto en el mundo si se quedan en el monte. Cuando llegan al valle, hay una multitud que lo espera. Entre ellos, hay un padre cuyo hijo está endemoniado y los discípulos de Jesús intentaron liberarlo, pero sin éxito. Es interesante que hace poco, los mismos discípulos habían sanado a muchos y echado fuera demonios. En esta ocasión, hicieron todo lo que habían aprendido de Jesús, sin logro alguno.

El padre trae a su hijo a los pies de Jesús, quien con un mandato echa fuera los demonios del niño, quedando completamente sano. Por supuesto, los discípulos se quedan incrédulos y le preguntan a Jesús en

(Marcos 9:28): "Por qué no pudimos nosotros echarlo fuera? Jesús les responde en el versículo 29: *"Este género con nada puede salir, sino con oración y ayuno"*. Aquí están los discípulos con el "no" de su ministerio. No tienen respuestas para el padre. No lo pueden consolar con una bonita teología que no tendrá ningún efecto en su vida, porque su hijo sigue en la misma condición.

La respuesta de Jesús es clave. Lo que está diciendo es: "Cuando algo no cambia, cuando algo no se mueve, cuando estás en el misterio, acércate al Padre en privado (oración y ayuno), hasta que recibas la unción para efectuar ese cambio". ¿Se dieron cuenta que Jesús no oró ni ayunó antes de liberar al muchacho? Algunos dirán que no le era necesario, porque Él es Dios. No, todo lo que Jesús hizo en la tierra, lo hizo como hombre, lleno del Espíritu Santo y dispuesto a hacer la voluntad de su Padre. Los discípulos, como nosotros, no oramos ni ayunamos, hasta que la crisis llega. De repente, nos encontramos en un valle diabólico, con el tanque espiritual en cero e inmediatamente recurrimos a la oración, con llanto y lágrimas; mientras que la oración y el ayuno eran una disciplina diaria para Jesús. Su estanque, su unción, estaba lleno para enfrentar cualquier situación, en cualquier momento. Hermanos, cuando nada pasa, es una invitación para acercarse más al Padre celestial, a Jesús y al Espíritu Santo. Dios lo hizo así, a propósito. Si Dios nos diera poder y autoridad, sobre todo, ¿cuántas veces iríamos en desesperación a su presencia? Lo que Dios desea sobre todas las cosas, es que estemos en Su presencia, porque Él sabe que allí es donde somos transformados.

Miré una vez más a la congregación y empecé a salir del púlpito, cuando un señor que estaba atendiendo la puerta principal en el fondo, dice en voz alta, para que todos puedan escuchar: "La señora está aquí. La señora de esa palabra está aquí. Ella estaba en el baño, por lo tanto, no alcanzó a responder". Aparentemente, alguien le había contado lo que yo había dicho. Le pregunté a la señora si todos los detalles correspondían con su condición y me dijo que sí. Creo que yo estaba más sorprendido que ellos. Lo que pasó por mi mente, fue lo siguiente: ¿Qué hago ahora y cómo lo hago? Acuérdense, Jesús nunca sanó de la misma forma, era diferente para cada individuo. Impuso sus manos, escupió en el barro para hacer lodo y se lo puso en los ojos a un ciego, dio una palabra sin estar presente, echó fuera un demonio que había dejado mudo a un varón, entre otros ejemplos. La clave es estar atentos a la voz del Espíritu, para discernir cómo te va a guiar. Jesús hacía lo mismo: (Juan 5:19 NTV). *"Entonces Jesús explicó: «Les digo la verdad, el Hijo no puede hacer nada por su propia cuenta; solo hace lo que ve que el Padre hace. Todo lo que hace el Padre, también lo hace el Hijo"*.

Sentí que estaba siendo dirigido a bajar de la plataforma e ir donde ella, en vez de orar a distancia. Toda la congregación, alrededor de 500 personas, me estaban mirando. Me dirigí a donde ella estaba, junto con sus familiares. Lo que pasó, no lo esperaba. Mucha gente nos rodeó, para ver lo que iba a pasar. Ni yo sabía lo que iba a pasar y me puse muy nervioso. Además, sentía la mirada de muchos ojos, esperando ver una sanidad. Fue en este momento, donde tuve una lucha muy fuerte dentro de mí. Es una lucha que todos enfrentamos de vez en cuando. ¿Qué pensarán de mí si nada pasa? Sentí la presión de la multitud, que era más como una opresión. Antes de orar por ella, tenía que vencer esta lucha interna. Oré en silencio y le dije a Dios: "Padre, esto se trata de ti y de lo que tú has dicho en tu Palabra. Tú eres fiel a Tu palabra siempre. Me presento como tu hijo, que desea colaborar contigo en cumplir tu voluntad aquí, con ésta, tu hija".

Le pedí a la hermana que nos muestre el nivel de flexibilidad que tenía en el cuello y era muy poco. No podía girar su cabeza hacia los lados. Para ver a alguien que estaba a su derecha, tenía que girar todo su cuerpo. Quería ver el límite de movimiento, para poder hacer una comparación después de la oración. Le pedí permiso para poner mi mano sobre su cuello y dije: "En el nombre de Jesús, discos y la columna entera, pónganse en línea". Al decir eso, escuchamos un trueno fuerte que salió de su columna. Algunos saltaron de temor, porque no lo esperaban, yo incluido entre ellos. Le pedí a la hermana que moviera su cabeza, para ver si había un cambio. Para gozo de todos, tuvo toda la flexibilidad de girar de un lado al otro su cabeza, sin dolor. Dos cosas pasaron.

Primero, empezamos a dar gracias a Dios por esta manifestación de su gran amor y poder; para muchos, era la primera vez que habían visto algo semejante. La gratitud a Dios en todo momento, especialmente cuando aparentemente nada pasa, es indispensable para nuestra fe. He aprendido a celebrarle cuando veo y cuando no veo, porque Dios siempre hace algo cuando intercedemos por alguien. No permitan que un "fracaso" en su ministerio los deje vencidos; en las cosas que conciernen a Dios, no hay fracasos.

La segunda cosa que pasó, es que otros comenzaron a pedir oración por su cuello. Cuando la gente vio y escuchó de la sanidad y restauración de la señora, se activó la fe en ellos para recibir la misma sanidad. Se dieron cuenta que el Espíritu Santo estaba presente con su unción para sanar.

La señora fue la primera para inspirar y estimular a otros que deseaban el mismo milagro. Tengan esto por seguro hermanos, si Dios les da tres palabras, ésa es la primicia de otros que se unirán.

¿Sanaron otros del cuello, así como la hermana? Sí, tres más y de la misma forma.

Tumores y clavos

En el mes de junio del 2009, mi esposa Bárbara y yo fuimos invitados para ir a Perú a ministrar por dos semanas. Fuimos a dos distintos lugares. Pasamos una semana en el norte del país entre un pueblo indígena, los Awajún, también conocido como los Aguaruna. La segunda semana la pasamos en la ciudad de Iquitos, que se ubica en la selva junto al famoso río Amazonas. Dios realizó dos grandes milagros en cada uno de estos lugares.

La primera semana estuvimos apoyando a dos hermanas peruanas que habían estado sirviendo como misioneras entre el pueblo Awajún por varios años. Las dos habían sufrido mucho. Estaban viviendo en una cultura violenta, donde el rol de las mujeres no se consideraba mucho. Después de años de entrega, no habían visto mucho fruto, aunque su impacto con los niños de la comunidad era notable. Vivían en la comunidad con ellos, en la selva.

Se nos había dicho antes de ir a Perú, que una de las misioneras estaba padeciendo de tumores en su torso. Bárbara y yo nos pusimos de acuerdo, que íbamos a orar por ella cierto día, por sanidad. La hermana se llama Mónica. Ella no sabía que teníamos conocimiento de su aflicción, por lo tanto, fue una sorpresa cuando le pedimos permiso para orar por su sanidad.

El día que habíamos decidido ministrarle, la llevamos a una choza, donde podríamos estar a solas con ella. Cuando le preguntamos de su enfermedad, Mónica nos dijo que los médicos en Lima, la capital, habían detectado 22 tumores en los Rayos X. El efecto de los tumores en su torso, era notable. Su torso se había inflado, haciendo que todas sus blusas se vieran de una talla más chica, porque estaban apretadas contra su cuerpo. Mónica no estaba con ningún tratamiento, porque vivía en una zona tan aislada. Si Dios no interviene, los tumores acaban con su vida.

Lo primero que hicimos fue lavarle los pies, mientras le dábamos gracias a Dios por su vida. Elevamos palabras de gratitud por su dedicación y constancia. La honramos por su testimonio, por los años que había caminado por esas sendas tan peligrosas, por amor a Dios y al pueblo Awajún. Era impresionante ver el impacto de nuestras palabras. Mónica lloró todo el tiempo, porque nunca había sido ministrada de esta forma. Éstas fueron palabras de ánimo que le dieron vida a su alma y espíritu. En lo personal, aprendí el poder del honor y de una palabra que levanta y honra al oyente.

Hicimos una transición, después de unos 15 minutos lavándole los pies. Bárbara y yo nos pusimos en pie y le dijimos que íbamos a orar, para que Dios la sanara. Le pedí permiso para poner nuestras manos sobre su hombro y me dijo que sí.

Éste es un punto que quiero destacar, es muy importante preservar la dignidad y el honor de cada individuo. Cada persona es creada a la imagen de Dios, por lo tanto, es digna de ser honrada. Hay personas, especialmente mujeres, que han sido maltratadas y abusadas, que no quieren que nadie las toque, porque es un gatillo que abre la memoria a la pena y sufrimiento de sus experiencias. Por eso, considero muy importante siempre pedir permiso antes de imponer mi mano sobre alguien, sea hombre o mujer.

Mónica estaba sentada, mientras Bárbara y yo estábamos parados uno a cada lado de ella. Al imponer nuestras manos sobre sus hombros, comenzamos a orar. Dentro de los primeros cinco segundos de nuestra oración, algo tremendo sucedió. Pareciera que la blusa de Mónica cambió de talla y creció. Lo que en realidad pasó, es que su torso se desinfló. La blusa quedó igual, no cambió. El cuerpo de Mónica respondió a la presencia del Espíritu Santo y los tumores empezaron a desvanecerse. Bárbara y yo seguimos orando, dándole gracias a Dios por lo que Él estaba manifestando en la vida de Mónica y que se hiciera una obra completa y total. Dios nunca hace algo a medias, Él hace todo nuevo.

Mónica nos decía: "¡Puedo ver los tumores cayendo de mi cuerpo!" Yo miraba al suelo de tierra y no veía nada, pero ella lo podía ver en el espíritu con sus ojos cerrados. Vimos la reacción del cuerpo, pero el Espíritu Santo le permitió a ella ver más. Lo interesante es que este proceso continuó por tres días. Cada día, ella nos decía: "Más está cayendo". Gloria a Dios.

Al terminar nuestra semana en el norte, tomamos vuelo desde Tarapoto a la capital de Perú, Lima. Nos acompañó Mónica, porque tenía control médico con el especialista que le había tomado los Rayos X. Ella portaba un gran sobre que contenía las radiografías, mostrando los 22 tumores. En el aeropuerto nos despedimos de ella, porque estábamos haciendo escala rumbo a Iquitos. En una semana volveríamos a verla en nuestro viaje de retorno.

La siguiente semana volvimos a Lima y esperándonos en el aeropuerto, estaba Mónica con una gran sonrisa. Al verla de lejos, confirmó algo que ya sabíamos, Dios la había sanado. Después de unos abrazos y saludos, le preguntamos de su cita con el doctor y ella dijo: "Le conté lo que me había pasado, que mis tumores estaban desapareciendo de mi cuerpo, porque Dios me estaba sanando. Igual me sacaron nuevas radiografías y éstas mostraron un pequeño punto, un solo tumor tan chiquitito, que no era necesario intervenir con una cirugía". Aunque no volvimos a ver a Mónica, estoy seguro de que ese último tumor desapareció como todos los demás, porque le estaba haciendo caso a la voz de Dios.

Aprendí en esta ocasión, que a veces la sanidad es un proceso. En el caso de los diez leprosos, en el evangelio de (Lucas 17:11-19 NTV), el versículo 14 dice: *"Y, mientras ellos iban, quedaron limpios de la lepra"*. La sanidad no se realizó instantáneamente, sino que fue un proceso, *"mientras ellos iban"*. Jesús fue muy creativo en su manera de sanar a la gente, nunca repitió la misma forma. Como dice la Escritura, Él hacía lo que veía a su Padre hacer. En este escenario, hay otra lección. No hay un patrón que seguir para sanar a los enfermos; no hay palabras mágicas o frases especiales que atraen el poder de Dios. La única cosa que atrae el corazón y la presencia de Dios, es la fe. *"De hecho, sin fe es imposible agradar a Dios"*. Hebreos 11:6 NTV.

Durante la segunda semana de nuestro tiempo en Perú, ministramos en la ciudad de Iquitos, que queda en medio de la selva Amazonas, por la ribera del río que lleva el mismo nombre. Estábamos ministrando con un grupo interdenominacional que nos expuso a distintos ministerios dentro de la ciudad.

Una mañana, hubo un retiro para todos los pastores de la ciudad. Me pidieron compartir un breve mensaje y hablar sobre el ministerio que teníamos en Estados Unidos. Uno de los pastores presente, era pastor de una iglesia nueva que se estaba plantando de la Alianza Cristiana y Misionera. Al terminar la sesión, Bárbara y yo salimos rápido, con destino a otra reunión. Nuestra salida fue tan repentina, que Bárbara dejó su cuaderno en la silla, sin darse cuenta.

Esa misma tarde, tuvimos una sesión con líderes de la iglesia que nos había invitado, sobre el tema de sanidad interior. Había entre noventa y cien personas. Normalmente ministramos uno a uno, cuando tiene que ver con algo tan personal. El pastor de la iglesia me dijo: "Hazlo para todos, como si lo estuvieras haciendo para uno". No quería hacerlo, porque es algo muy personal y no veía que iba a funcionar. Oré y le pedí a Dios que se encargue de este tiempo. Dirigí a la gente por distintos pasos de oraciones personales. La clave en cada oración era el perdón. A veces hay que perdonar a otra persona o perdonarse a sí mismo.

En Estados Unidos escuché a una mujer que estaba pidiendo oración de sanidad, porque tenía dolores en su cuello por tres años, debido a un accidente en su auto. Ella estaba al frente de la congregación relatando este suceso. Conduciendo de noche, chocó contra una vaca y el golpe la dejó mal de su columna. Además, el choque destruyó su auto. El pastor que iba a orar por ella, le preguntó: "¿Has perdonado a la vaca por haberte hecho esto?" Ella dijo: "¿Qué? ¿Perdonar a una vaca?" El pastor dijo: "El instrumento o el culpable del accidente no importa. Es lo que ha pasado en tu corazón, lo que ese trauma ha creado, la amargura, el rencor, la falta de perdón, lo que te mantiene en esa condición. Si no perdonas, el corazón seguirá infectado". El pastor le dijo: "Quiero que perdones a la vaca, aunque parezca ser una locura en tu mente". La señora oró entre risas incrédulas y perdonó a la vaca. El pastor puso su mano sobre ella, oró por su restauración física y la mujer fue sanada instantáneamente, para la gloria de Dios. Quedé asombrado, por supuesto, pero aprendí algo valioso. Es la postura del corazón, no la causa o la fuente del problema, lo que necesita que se atienda. Ahora vuelvo a Perú.

Después de guiar a la gente en oraciones de perdón, podía escuchar a varios llorando y otros, sollozantes, expresaban lo que el Espíritu de Dios estaba realizando en ese momento. Extendí la oportunidad, para cualquiera que quisiera dar testimonio de lo que había vivido. Varios pasaron y contaron su experiencia, fue maravilloso. Mientras una hermana estaba compartiendo su testimonio, vi a un hermano salir de la última fila y corrió hacia la plataforma. Él estaba llorando y tenía que esperar su turno. Cuando pasó al frente, le pasé el micrófono para compartir. Él dijo: "Yo soy tal y tal (no me acuerdo su nombre). No iba a venir hoy, pero esta mañana asistí al retiro de pastores y escuché a los hermanos de Estados Unidos. Ellos salieron de prisa de esa reunión y dejaron su cuaderno sobre una silla. Lo tomé con la intención de entregárselo cuando se diera la ocasión. Mi esposa y yo íbamos pasando por aquí, camino a otra parte, cuando me acordé que había una reunión con ellos en esta iglesia. Entré solo para entregarles el cuaderno, pero cuando escuché el tema que se estaba compartiendo, mi esposa y yo decidimos quedarnos, aunque no somos de esta iglesia.

Continuó diciendo: "Vine a Iquitos hace tres años, con la intención de plantar una iglesia de la Alianza Cristiana y Misionera, pero me ha costado mucho. Mi esposa no estaba a favor de mis intenciones de venir a esta ciudad tan aislada, no me apoyaba y con el tiempo, empecé a guardar mucha amargura contra ella y contra Dios, por haberme dado una mujer como ella". Agregó: "He sido cantante y autor de alabanzas, pero los últimos tres años no he podido cantar, mi voz se cansa y no puedo alcanzar las notas altas. Esto me amargó aún más. Mientras usted nos dirigía en las oraciones de perdón, Dios estaba apuntando a estas cosas. A la vez, estaba ablandando mi corazón para perdonar a mi esposa y pedirle perdón. Cuando lo hice de corazón, allí al lado de ella, sentí que un clavo que estaba atravesando mi garganta y que no me permitía cantar, salió. Podía sentir el clavo saliendo de mi garganta".

Cuando llega a esta parte, comienza a cantar para demostrar lo que Dios había hecho. Canta notas que no había podido alcanzar en tres años y lo hace a todo pulmón. Mientras canta, todos los presentes están aplaudiendo y glorificando a Dios por este milagro. Me dio mucho gozo ser parte e instrumento de esta manifestación del poder y amor de Dios.

No volví a ver al pastor, pero estoy seguro de que su testimonio será útil para sanar a muchos del alma, cuerpo y espíritu. ¡Gloria a Dios!

¿Puedo escuchar la voz de Dios?

La mayor parte de mi vida, creí que Dios nos dejó Su Palabra en forma escrita, porque decidió que eso era suficiente. O sea, que Dios ya no se comunicaba en forma personal como lo hacía. En la Biblia, Dios hablaba con hombres y mujeres personalmente. Una vez usó a un asno para comunicarse con un profeta (el asno le habló al profeta). Eso nunca me ha pasado (tal vez, porque no he pasado mucho tiempo con asnos).

No conocía a personas que tenían una perspectiva o experiencia distinta a la mía. En los estudios bíblicos, se me enseñó que la Palabra de Dios (la Biblia), era la avenida principal y única que Dios usaba para comunicarse con nosotros. Viví mi vida cristiana por años no creyendo y, por ende, no esperando que Dios se comunicara conmigo de otra forma. Lo raro es que podía escuchar y sentir la voz del mundo espiritual. Mi oído estaba sensible a la voz del enemigo, el diablo y lo sabía por medio del mensaje que estaba recibiendo. Sabía que ese pensamiento no era de Dios, esa unción no es de Dios, nacía de otra fuente. Me acuerdo de sueños y visiones terribles que me causaron temor y pánico, sabía que no eran de Dios. ¿Por qué le daba importancia y credibilidad a esas voces y visiones, pero no le daba peso a que Dios se podía comunicar conmigo de la misma forma? Si el diablo se estaba comunicando conmigo, usando mis sentidos, ¿por qué no Dios?

Dios no solo puede, sino que quiere comunicarse con nosotros siempre. Él mora y hace su habitación en cada uno de sus hijos. Donde tú estás, Él está; donde Él está, tú estás. Si eso es cierto, ¿cómo no vamos a experimentar su presencia, su voz y su gloria?

Si estás casado/a, ¿te acuerdas de las cartas que le escribías a tu prometida/o? En ellas expresabas tus sueños, amor, corazón y pasión, ¿cierto? Después de casarse, cuando tu cónyuge te preguntó si la/o amabas, ¿cuántos de ustedes sacaron la carta que le habían escrito hace tres años para que viera que la/o amabas? Nadie. Ese mismo momento expresaron su amor verbalmente, sellándolo con un beso. Mucho más íntimo y personal que una carta, la Palabra de Dios, la Biblia, nos relata lo que Dios dijo e hizo, pero hay una palabra y expresión fresca para hoy, que Él quiere revelar. Viene por medio de Su Espíritu, Su presente expresión en la tierra.

Creí por muchos años, que nosotros, los seres humanos, teníamos cinco sentidos: la vista, el olfato, el tacto, el oído y el gusto. Con estos cinco sentidos, interpretamos el mundo físico, el mundo natural. Todos los días estamos interactuando con el ambiente que nos rodea, usando estos cinco sentidos por medio de nuestro cuerpo físico.

Afírmense, tenemos quince sentidos. Creo que tenemos tres juegos de cinco sentidos. En (1 Tesalonicenses 5:23 NTV), el apóstol Pablo dice: *"Ahora, que el Dios de paz los haga santos en todos los aspectos, y que todo su espíritu, alma y cuerpo se mantenga sin culpa hasta que nuestro Señor Jesucristo vuelva"*.

Hay muchos versículos en la Biblia que declaran que estamos compuestos de estas tres partes: espíritu, alma y cuerpo. Creo que cada una de estas tres partes tiene cinco sentidos.

Nuestra experiencia y cultura dictan nuestra reacción individual al gusto, al tacto, al olfato, al oído y a la vista, por medio de nuestra alma. Por ejemplo, el olor nos hace recordar ciertas memorias. Si le diera flores a una persona, es posible que el olor y la vista produzcan una buena memoria de una boda a la que asistió. Pero si le diera esas mismas flores a otra persona, le podría producir una memoria muy dolorosa, de un funeral de un ser querido. Ésta no es una reacción física a las flores o a su olor, es una reacción de su alma.

Imagínense que hay dos personas andando por un camino en la comunidad de Chapod, Maquehue, una comunidad mapuche en Chile. En el camino se les acerca un perro desconocido, a un individuo le gustan los perros y se agacha para hacerle cariño; sin embargo, la segunda persona se asusta y paraliza. Ésta es una reacción del alma por una experiencia personal que han tenido con perros, aunque es el mismo perro para ambos.

La manera en que vemos el mundo y en cómo oímos a otros, es afectada por la condición de nuestra alma. El deseo de tocar ciertas cosas, como una serpiente, podría ser fácil para mi hija Lydia, pero para otra persona, sería una experiencia aterradora. Aún el sabor de ciertas comidas podría producir una variedad de reacciones. Cuando comí termitas vivas de su nido en el Amazonas de Perú, las encontré sabrosas. Para mi esposa, la imagen de comerse unos bocados de termitas vivas le dio asco.

El alma tiene sentidos iguales a los que tiene el cuerpo. Cada grupo de sentidos tiene un ambiente, una atmósfera con la que interactúa. El cuerpo físico interactúa con el ambiente físico, natural. El alma interactúa con el ambiente interpersonal. El espíritu tiene sentidos que interactúan con el ambiente espiritual.

Éste último, el espiritual, es lo que más nos cuesta percibir, porque no le hemos prestado mucha atención. En mi caso, pensé que esta área estaba reservada para el día que llegara al cielo, siendo transformado para interactuar con el ambiente espiritual. Estaba muy equivocado.

¿Cómo podía discernir la voz del tentador y acusador, y a la vez, no discernir la voz del Espíritu de Dios?

Todos hemos escuchado esa voz en nuestro interior que nos acusa, que nos trata de convencer que somos menos, que hemos fallado y jamás serviremos para algo, que estamos descalificados por fracasos en nuestro carácter. Esa voz que ataca nuestra identidad e intenta desarmarnos con sus mentiras, a nuestro oído espiritual se escucha como la verdad. En realidad, el diablo no tiene poder, a menos que yo se lo dé. Una vez que me pongo de acuerdo con su mentira, le doy poder a la mentira en mi vida. Todos hemos peleado esta batalla, se realiza en el ambiente espiritual. Créanme, todos tenemos sentidos en la atmósfera espiritual, nadie puede decir que no, especialmente un seguidor de Cristo Jesús que ha llegado a ser una nueva creación en Él. Mucho más ahora, cuando el Espíritu de Dios mora en él, el espíritu se ha vivificado.

La Biblia dice que nosotros tenemos ojos y oídos espirituales. Cuando Elías oró por su criado en (2 Reyes 6:17), no pidió que Dios le diera ojos, sino que pidió que Dios le abriera sus ojos, para ver la realidad del mundo espiritual que le rodeaba. En (Efesios 1:18), Pablo no oró por los santos para que recibieran ojos, sino que Dios abriera los ojos de su corazón. Hermanos, ya tenemos ojos y oídos espirituales. Lo que necesitamos es que sean abiertos. Tenemos que ser más sensibles en esta área. Se lo debemos a Él, a aquél que desea relacionarse con nosotros, usando diferentes medios de comunicación.

Tomen este momento y en sincera oración, pídanle a Dios que les abra los ojos y oídos espirituales. Arrepiéntanse de haber vivido creyendo que no les era posible ver y escuchar con sus sentidos espirituales. Dios es bueno, Él les responderá. Presten más atención al Espíritu.

Como seres humanos, los dos sentidos que más usamos para compartir información, son el oído y la vista. La comunicación en lo natural se recibe audiblemente, así como las expresiones transmitidas en el rostro y el cuerpo. Dios también se comunica por medio de los otros tres sentidos (el gusto, el tacto y el olfato). Les comparto dos testimonios que revelan dos de estos cinco sentidos.

Este testimonio es personal, porque me sucedió a mí. Cuando me dirijo al Señor y le doy la espalda a las distracciones que me hacen frente (aún durante un servicio), mi cuerpo físico, el tacto, siente la presencia del Espíritu. Lo que siento es un roce que corre por mi espalda y me da escalofríos. He aprendido que el Señor se está comunicando conmigo, diciéndome: "Aquí estoy". Lo he experimentado por años. Me puede pasar en público, en privado, en el mercado o en la iglesia. Es la postura de mi corazón, cuando volteo para verlo. Así como Moisés en el desierto, (Éxodo 3:1-4), cuando vio la zarza ardiendo que no se consumía, volteó para investigarlo. Una vez orientado en el fuego, Dios le habló. No le habló antes, sino después. Creo que Dios nos extiende invitaciones todos los días, para tener encuentros que nos transformarán, así como Moisés.

El segundo ejemplo es de una señora que se llama Silvia, parte de nuestra congregación en la iglesia Cristo Salva en Chico, California. Silvia empezó a seguir a Jesús más o menos a los cuarenta años. Se había criado en la religión tradicional en México, pero como muchos, no había hecho ningún cambio en su vida. Un día tuvo un encuentro con Cristo Jesús y todo cambió. Me acuerdo del día cuando Dios se comunicó con ella por medio del olfato.

Era un día domingo, el grupo de alabanza estaba en oración por el servicio dominical. Como yo participaba también cantando y tocando la guitarra, cerré el tiempo de oración haciendo esta petición: "Señor, en esta mañana, que se pueda oler fragancia del cielo en este lugar. Báñanos con el aire celestial. Amén". Dimos inicio al servicio y todo fluyó bien, mucho gozo en la casa de Dios ese día. Al concluir, conversé con varios hermanos. Puedo ver que la hermana Silvia desea hablar conmigo, porque está esperando detrás de la persona que me está hablando (como si fuera una fila). Cuando se presenta la oportunidad para conversar, la pregunta que sale de su boca es: "¿Dónde están las flores?" No estaba seguro a qué se refería. ¿Flores? Me dijo que durante todo el servicio podía oler la fragancia de muchas flores, como si estuviera en un jardín. Le dije que no había ninguna flor en todo el edificio. Fue en ese momento, que me acordé de mi petición antes del servicio y se lo compartí. Aproveché la oportunidad para enseñarle un poco de cómo es la vida en el Espíritu. Estuvo tan emocionada de que Dios se hubiera comunicado con ella de esa forma, porque le encantan las flores (Dios lo sabía).

Pablo nos revela en (2 Corintios 2:14-15 NTV).

> *"14 Así que, ¡gracias a Dios!, quien nos ha hecho sus cautivos y siempre nos lleva en triunfo en el desfile victorioso de Cristo. Ahora nos usa para difundir el conocimiento de Cristo por todas partes como un fragante perfume.*
> *15 Nuestras vidas son la fragancia de Cristo que sube hasta Dios, pero esta fragancia se percibe de una manera diferente por los que se salvan y los que se pierden".*

Como ven, lo que Silvia vivió en la iglesia ese domingo, fue algo real que pudo percibir con su sentido de olfato espiritual.

Tengo amigos que sienten la presencia de Dios en sus manos, especialmente cuando el Espíritu de Dios desea sanar, sus manos se calientan. En noviembre del año 2017, estuve en las afueras de Temuco en una comunidad Mapuche, Loncoche Plom, para participar en la conferencia anual del Ministerio de Avance Rural entre el pueblo Mapuche. Líderes de varias iglesias habían viajado para pasar un fin de semana bajo una carpa grande, en el frío de la primavera chilena en el sur. Yo tiritaba de frío, no había fuego donde calentarme. El pastor Héctor Parra puede dar testimonio de esto.

Era la segunda noche bajo la carpa. Al terminar la prédica, le pedí al Espíritu Santo que extendiera su mano para realizar milagros, sanidades y señales. Dios me dio palabras de conocimiento en cuanto a ciertas aflicciones que Él quería sanar. Me acuerdo que una de las palabras era "jaquecas" y cuando pregunté si alguien sufría de jaquecas, un hermano levantó su mano. Él estaba sufriendo de una en ese mismo momento. Iba a orar por él, cuando el hermano Panchito me interrumpió. Pidió permiso para decir algo, así es que le pasé el micrófono y dijo: "Mi mano acaba de ponerse muy caliente". Él no sabía qué significaba ni qué hacer con su mano. Le di instrucción al hermano Panchito: "Pon tu mano caliente sobre el hombro o la cabeza del hermano que está sufriendo con la jaqueca y dile a esa aflicción que se vaya en el nombre de Jesús". Así de sencillo. Al terminar su oración, le pregunté al hermano que tenía jaqueca, si se sentía mejor o no. Él declaró en voz alta que todo su dolor se había ido, para la gloria de Dios.

Aproveché esa oportunidad para enseñar sobre la necesidad de discernir cómo el Espíritu se comunica con nosotros y así poder colaborar con Él y los planes que están en su corazón.

Hermanos, hay más en esta vida en el Espíritu Santo que Dios nos quiere revelar. Que el temor de lo desconocido no sea un impedimento para cortar la gracia y el poder que Dios tiene guardado para los suyos. Que el amor de Dios y las cosas de Dios sean más grandes que el temor a ser decepcionados por el diablo. Dios es más y Él los hará permanecer en Cristo Jesús. Amén.

VICENTE Y EL TRUENO

La obra del Espíritu Santo sigue siendo un misterio para mí. He aprendido mucho en cuanto a lo que mueve su corazón para actuar. Pero cómo va a actuar, es donde no puedo discernir con certeza.

Vicente Miranda solía traer a su esposa Cuca e hijos a la iglesia cada domingo, pero él no entraba. Los dejaba en el lugar de estacionamiento y de allí, partía para jugar fútbol con sus amigos. Como iglesia, estábamos orando por él, que Dios hiciera Su obra en su corazón, para atraerlo a Cristo. Vicente estaba muy apegado a su religión tradicional y nadie le iba a convencer de cambiar su fe.

Después de unos meses, Cuca nos contó que Vicente empezó a dejarla a la entrada del edificio donde nos reuníamos, ya no a la distancia. Unos pocos meses más, los acompañó hasta la puerta principal y luego siguió su rumbo a las canchas para jugar a la pelota. Seguimos intercediendo por él, pidiendo por una obra sobrenatural. Podíamos ver cómo se estaba acercando *poco a poco* en lo natural, pero también podíamos verlo en lo espiritual.

Yo no lo conocía, aunque su esposa Cuca llevaba varios años siendo parte de la iglesia. Ella era fiel en su participación dentro de la congregación y siempre pedía oración por su esposo Vicente. Un día domingo, veo a Cuca entrar y un hombre la acompañó para echar una ojeada y pronto salió. Esto pasó en varias ocasiones, hasta que un domingo, Vicente entró, ya no vestido para el fútbol y se quedó el tiempo que habíamos dedicado a la alabanza con música.

Toda nuestra vida es una alabanza al Señor. En mi trabajo, en mi hogar, en mi diversión, todo lo hago en alabanza y adoración a Dios. En la iglesia, les enseñaba que la alabanza no termina cuando la música para. Toda nuestra vida es una alabanza al Señor, en respuesta por su bondad y misericordia hacia nosotros.

Vicente fue conmovido por la música ungida por el Espíritu Santo. Cuando la música terminaba, salía para ir a su juego de fútbol, cambiándose de ropa en el vehículo. No lo había saludado todavía, porque yo tocaba y cantaba con los músicos y Vicente se quedaba atrás, para poder partir sin molestar a nadie y sin ser visto. Veíamos cómo el Espíritu Santo estaba trabajando, atrayendo a Vicente en su amor.

Durante este tiempo, el Espíritu Santo siguió hablándole por medio de sus hijas, aunque eran pequeñas. Cuando Vicente iba al fútbol, sus hijas le preguntaban por qué no iba más seguido a la iglesia. Al encontrarse con sus compañeros de fútbol, Vicente se dio cuenta que no era un ambiente adecuado para su familia, sus tres hijos y su esposa Cuca. Algo necesita cambiar.

El día que Vicente y yo nos conocimos, fue un día inolvidable, tanto para mí como para él. Era un día domingo, un día normal dentro de la iglesia. Toda la familia Miranda entra, incluyendo a Vicente y toma asiento muy cerca del frente. Se quedan para todo el servicio. Yo no sabía que Vicente estaba con dolores muy fuertes en sus entrañas. Lo había estado aguantando por varios días. Lo que Vicente no sabía, es que el Espíritu de Dios tenía una sorpresa para él ese día. Dios es muy bueno al poner emboscadas, momentos donde nos sorprende con Su poder y presencia. Son experiencias que te dejan sin explicación, pero te dejan marcados, porque fue algo tan real que te cambió la vida.

Cuando el servicio terminó, quise aprovechar la oportunidad de presentarme a Vicente y darle la bienvenida. Habíamos estado orando por él hacía bastante tiempo. Estaba seguro de que Dios quería en ese encuentro manifestarse de una manera u otra a él. Me acerqué y le extendí la mano para saludarle.

Después de una breve conversación, sentí que el Espíritu Santo me estaba dirigiendo a poner mi mano sobre su corazón. Lo había hecho antes con otra gente para impartirles una gracia celestial. No le pedí permiso a Vicente para hacerlo (algo que yo debería haber hecho, por respeto a él). Si le molestó o no, no sé. Al tocar su pecho ligeramente con mi mano, Vicente brincó y con una cara de asombro dijo: "¿Escucharon eso?"

Vicente le preguntó a Cuca si había escuchado lo que él escuchó y ella le dijo que no escuchó nada. En ese momento, estábamos rodeados de otras personas que estaban conversando. En lo personal, escuché muchas voces, no sabía de qué estaba hablando él. No oí nada anormal o fuera de contexto que me llamara la atención. Cuca le pregunta a Vicente: "¿Qué escuchaste?" Vicente responde: "Oí un fuerte trueno, ¿no lo oyeron?". Él no podía creer que nadie más lo había escuchado. La experiencia se manifestó en su rostro. Podía ver a Vicente tratando de asimilar lo que había pasado.

Nos despedimos y cuando Vicente llega a su auto y se sienta, se da cuenta que todo su dolor había desaparecido. Un encuentro con el poder y amor de Dios trajo a Vicente al arrepentimiento y desde ese momento, ha seguido a Jesús, siendo un fiel reflejo del amor del Padre.

Vicente y Cuca se prepararon con estudios bíblicos y la práctica dentro de la iglesia, ambos tomaron roles de liderazgo, porque la gente los veía como hermanos que tenían autoridad celestial en sus vidas. Vicente llegó a ser uno de los predicadores y, además, ministra en el poder de Dios, sanando y dando palabras proféticas.

Dios es como el viento. Yo sé que voy a ver algún mover de su Espíritu en cada persona que recibe oración. No sé cómo ni cuándo, pero sé que siempre hace algo. No dejará que Su Palabra declarada caiga vacía, sin tener efecto.

El reino de gozo

Para ministrar en cualquier ambiente, sea uno a uno o delante de una multitud, es clave entender y mostrar el corazón del Padre. El amor de Dios por la humanidad es el sistema sanguíneo que hace que nuestras palabras y actos tengan impacto y den vida. El amor de Dios es lo que debe motivarnos y movernos siempre.

En los evangelios, a Jesús no se le conoció tanto por su poder, sino por su compasión por las multitudes. Esa compasión fue tan fuerte, que Jesús a veces continuaba ministrando, aunque su cuerpo estaba agotado y necesitaba descansar. Otras veces padecía de hambre, pero la muchedumbre lo apretaba para tocarlo y Jesús cumplía con sus peticiones, a pesar de su hambre (Marcos 3:20). Jesús conocía íntimamente el corazón de Su Padre. Aún dijo una vez: *"Mi alimento es hacer la voluntad de mi Padre"* (Juan 4:34 NTV).

En el evangelio de San Mateo, Jesús cuenta dos parábolas seguidas. Por años, pensé que las dos eran similares; que Jesús, para darle más énfasis a la primera, cuenta una segunda historia diferente. Pero lo cierto es que ambas presentan dos realidades distintas, que me impactaron profundamente.

⁴⁴ »El reino del cielo es como un tesoro escondido que un hombre descubrió en un campo. En medio de su entusiasmo, lo escondió nuevamente y vendió todas sus posesiones a fin de juntar el dinero suficiente para comprar el campo.

⁴⁵ »Además el reino del cielo es como un comerciante en busca de perlas de primera calidad. ⁴⁶ Cuando descubrió una perla de gran valor, vendió todas sus posesiones y la compró. (Mateo 13:44-46 NTV)

Las parábolas son relatos de dos personas que encuentran algo que realmente desean y ambos van a un extremo para adquirirlo. A simple vista se ven similares, pero no lo son. La primera es de una perspectiva humana y la segunda, es una perspectiva celestial.

En el (v. 44) nos encontramos con un hombre que está caminando por un campo que no es suyo, cuando de repente encuentra un tesoro que estaba escondido. Nadie más sabe del tesoro. Todos miran el campo y solo ven un terreno inútil. Éste es un tesoro sin precio, la fortuna de toda una vida y está *"alegre"*. Lo que debe hacer, es ir al dueño del campo para contarle, pero no lo hace. ¿Por qué? Porque él lo desea, lo anhela, lo quiere. *"Lleno de alegría", va y vende* sus posesiones para adquirir ese campo. Sacrifica todo para obtener el tesoro y lo hace con alegría.

La clave es la *alegría*. Según (Romanos 14), la alegría es una tercera parte del cielo.

"Pues el reino de Dios no se trata de lo que comemos o bebemos, sino de llevar una vida de bondad, paz y alegría en el Espíritu Santo.".

(Romanos 14:17 NTV)

Así como en la parábola de los siervos que tenían que multiplicar e invertir el dinero que su amo (Dios) les había entregado, los que pudieron regresarle el fruto de su inversión, escucharon las siguientes palabras del Padre Dios:

"Bien hecho, mi buen siervo fiel. Has sido fiel en administrar esta pequeña cantidad, así que ahora te daré muchas más responsabilidades. ¡Ven a celebrar conmigo!" (Mateo 25:23 NTV)

Mantener la alegría de estar en Jesús, es vital para ministrar con esperanza y efectividad. Cuando alguien te pide orar y comparte la noticia que está en una etapa avanzada de cáncer en sus pulmones, ¿con qué actitud vas a responder? ¿Vas a orar ante esa noticia con temor e inseguridad? ¿Es el cáncer mayor que el nombre de Jesús? Si ante Él toda rodilla se doblará, eso incluye el cáncer, ¿cierto?

El afligido necesita de Dios. El poder del reino se manifiesta tanto en la oración por sanidad como en la actitud interna de la alegría del Padre. Con esta alegría, estamos cambiando el ambiente espiritual que quiere destruir toda esperanza y establecer la incredulidad en el terreno del corazón. Para Dios no hay imposible. Si estoy en Él, unido a Él, eso se debe reflejar en mí también. Sé que cuesta, pero no es imposible. La clave es crecer en intimidad con Él, conociendo su corazón por nosotros.

La segunda parábola es diferente. El reino de los cielos es como un comerciante que busca una perla. No sé si se fijaron que Jesús asemeja el reino de Dios al comerciante y no a la perla. El reino no es la perla. El reino de Dios es como <u>el hombre</u> que busca la perla. En la primera parábola, el hombre encuentra un tesoro accidentalmente. En la segunda, hay un comerciante experto en piedras preciosas y está buscándolas intencionalmente. Él sabe de perlas, sabe lo que busca. Esta persona es como el reino de los cielos. En otras palabras, Dios es el comerciante.

Considerando esto, ¿qué o quién es la perla? Aquí está la gran revelación. Nosotros somos *la perla a los ojos de Dios*. Cuando se unen las dos historias, esta verdad sale. Nadie encontró a Dios, sino que Él nos encontró a nosotros. Nadie debe decir: "Yo encontré a Dios", porque la realidad es que nadie puede venir a Dios, a menos que Él los atraiga.

"Pues nadie puede venir a mí a menos que me lo traiga el Padre,
que me envió" (Juan 6:44 NTV)

Somos la perla, deseada, buscada y anhelada por Dios. Él puede ver algo en nosotros de gran valor, por lo que pagó el precio más alto para adquirirnos. Dios no ve un fracaso, Él puede ver la belleza de un ser humano, creado a su imagen, que quiere que refleje Su gloria.

En las dos parábolas hay sacrificio, donde se vende todo no por obligación, sino por el gozo de haber encontrado algo de alto valor. En cuanto a la perla, una sola es hermosa, pero cuando se unen para crear un collar, se hacen más preciosas. Cuando están conectadas, reflejan una gloria que jamás podrían lograr si se mantuvieran separadas. Ese collar es la iglesia, *la multiforme gracia de Dios* a disposición de todo el mundo, para que ellos puedan asombrarse del gran poder del amor de Dios.

"Yo fui salvo cuando creí en Jesús, pero fui transformado cuando me di cuenta que Él creía en mí" - Pastor Kris Vallotton

Dios quiere sanar a la persona completamente

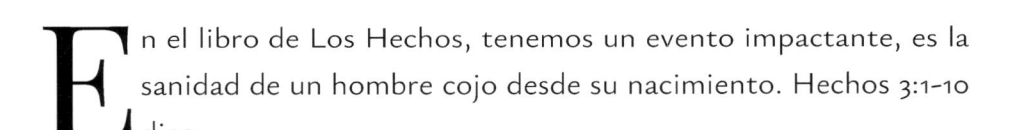

En el libro de Los Hechos, tenemos un evento impactante, es la sanidad de un hombre cojo desde su nacimiento. Hechos 3:1-10 dice:

> *1 Cierta tarde, Pedro y Juan fueron al templo para participar en el servicio de oración de las tres de la tarde.*
> *2 Mientras se acercaban al templo, llevaban cargando a un hombre cojo de nacimiento. Todos los días lo ponían junto a la puerta del templo, la que se llama Hermosa, para que pidiera limosna a la gente que entraba. 3 Cuando el hombre vio que Pedro y Juan estaban por entrar, les pidió dinero.*
> *4 Pedro y Juan lo miraron fijamente, y Pedro le dijo: «¡Míranos!».   5 El hombre lisiado los miró ansiosamente, esperando recibir un poco de dinero,*
> *6 pero Pedro le dijo: «Yo no tengo plata ni oro para ti, pero te daré lo que tengo. En el nombre de Jesucristo de Nazaret, ¡levántate y camina!».*

> *7 Entonces Pedro tomó al hombre lisiado de la mano derecha y lo ayudó a levantarse. Y, mientras lo hacía, al instante los pies y los tobillos del hombre fueron sanados y fortalecidos.*
> *8 ¡Se levantó de un salto, se puso de pie y comenzó a caminar! Luego entró en el templo con ellos caminando, saltando y alabando a Dios.*
> *9 Toda la gente lo vio caminar y lo oyó adorar a Dios.*
> *10 Cuando se dieron cuenta de que él era el mendigo cojo que muchas veces habían visto junto a la puerta Hermosa, ¡quedaron totalmente sorprendidos!*
> (Hechos 3:1-10 NTV)

En el (v.8), vemos al hombre caminando, saltando y alabando a Dios. Estaba caminando, porque fue sanado *físicamente*. Le vemos saltando, porque fue sanado *emocionalmente* y le vemos alabando, porque fue sanado *espiritualmente*. Dios quiere sanar a la persona completamente, porque Dios se preocupa de la persona íntegramente.

Cuando Jesús sanaba a la gente, lo hacía de manera multidimensional. Jesús realizó muchos milagros. El apóstol Juan dice en su evangelio, hablando de las obras de Jesús: *"Jesús también hizo muchas otras cosas. Si todas se pusieran por escrito, supongo que el mundo entero no podría contener los libros que se escribirían"*. (Juan 21:25 NTV). No sabemos cuántos milagros realizó, miles o millares tal vez. En los evangelios hay 27 milagros que revelan cómo Jesús sanó a la gente. Estos milagros nos relatan lo que Jesús hizo para darles su sanidad.

En (Lucas 7), se encuentra la historia de cómo Jesús sanó al siervo del centurión. Lo hizo con una palabra. Jesús mandó su palabra a la distancia para sanarlo, porque estaba lejos. ¿Crees que Jesús no necesita tocar a una persona para poder sanarle? Pues, si Jesús hace más que mandar su palabra, entonces hay una razón. Si un hombre ciego se le acerca y Jesús dice: "Sé sano", él recobrará la vista. Si un leproso se le acerca y Jesús dice: "Sé sano", ese leproso quedará sano. Por lo tanto, si Jesús hace más que declarar una palabra, debemos estar atentos al por qué.

Hay un leproso que se acerca a Jesús en Lucas 5. ¿Cómo sana Jesús a casi todo leproso en los evangelios? ¿Les da una palabra? No. La primera cosa que hace, es tocarlos. ¿Por qué los toca? La lepra se consideraba una enfermedad contagiosa. Al *tocar* a este leproso, ¿qué está haciendo? Lo está sanando *emocionalmente*. Luego lo sana *físicamente* y después le dice: *"Preséntate ante el sacerdote..."* (v.14). Lo restaura a sus raíces espirituales, los sacerdotes. Jesús lo quiere sanar en espíritu, alma y cuerpo.

El apóstol Juan narra el encuentro que Jesús tuvo con un hombre que era ciego desde su nacimiento (Juan 9). Jesús escupe en tierra, hace lodo con la saliva, se lo pone en sus ojos y le dijo que vaya al estanque para lavarse. ¿Podría haberlo sanado simplemente con una palabra? Sí. Entonces, ¿por qué le escupe en los ojos?

No tiene sentido para nosotros, en nuestra cultura, pero para la cultura judía, lo que Jesús hizo fue una acción normal. La primera pregunta que fluye de los labios de sus discípulos es: "¿Quién pecó?" Se están basando en el pacto que Dios tenía con el pueblo de Israel. En Deuteronomio

28:1-14, se relatan todas las bendiciones que Dios derramará sobre su pueblo cuando le son obedientes y no siguen a otros dioses. En los versículos 15-68, están escritas todas las maldiciones que vendrán sobre ellos, si siguen a dioses ajenos en desobediencia a Dios. El v.28 declara: *"El Señor te castigará con locura, ceguera y pánico"*. (Deuteronomio 28:28 NTV).

La *ceguera* es una de las maldiciones de seguir a otros dioses; por lo tanto, si sufrías con la ceguera, eso significaba que Dios te había maldecido y cuando caminabas por las calles, en vez de recibir la compasión de la gente, te escupían. Al escupir, estaban declarando: "Estamos de acuerdo con Dios y tú mereces tener esta aflicción".

Así que el ciego se acerca a Jesús e inmediatamente piensa: "Él me va a escupir como todos los demás". ¿Qué pasa? Jesús usa la práctica para maldecir, la deshace y lo sana. ¿Por qué? Jesús quiere sanar al hombre de forma multidimensional.

A veces, la enfermedad física está ligada en otra dimensión. El alma y el espíritu están conectados. En 1 Samuel, hay una mujer que se llama Ana, que está tratando de tener un hijo. El sacerdote Elí pensó que estaba ebria en el templo y la quería correr. Ana responde:

"¡Oh no, señor! —respondió ella—. No he bebido vino ni nada más fuerte. Pero como estoy muy desanimada, derramaba ante el Señor lo que hay en mi corazón".
(1 Samuel 1:15 NTV)

"El corazón alegre es una buena medicina, pero el espíritu quebrantado consume las fuerzas".

CUANDO LA FE Y LA GRACIA SE BESAN

(Proverbios 17:22 NTV)

A veces la gente sana del cuerpo, pero en realidad, eso es síntoma de algo más profundo. Fueron sanados, pero no entraron en un bienestar en su alma o espíritu. Esto permite que la enfermedad vuelva.

> *"Querido amigo, espero que te encuentres bien, y que estés tan saludable en cuerpo así como eres fuerte en espíritu".*
> (3 Juan 1:2 NTV)

Pablo apoya esta enseñanza, cuando escribe en (Romanos 8:14 NTV): *"Pues todos los que son guiados por el Espíritu de Dios son hijos de Dios". Somos espíritu, alma y cuerpo. Debemos ser guiados por el Espíritu, pero sin descuidar o devaluar las otras dos dimensiones de nuestro ser. Debemos prosperar en todas estas áreas de la vida. Nuestro espíritu está tratando de guiar a nuestra alma al bienestar, a la integridad, para que podamos prosperar.*

Por muchos siglos, la gente pensaba que uno tenía que castigar el cuerpo y reprimir el alma. Para esto sirve el monasterio, para callar y silenciar las pasiones. La verdad es que nuestra alma y nuestra carne aman a Dios. David declaró: *"Solo en el Señor me jactaré"*. (Salmos 34:2 NTV). Cuando intentamos apagar el alma y la carne, el enfoque llega a ser el desarrollo del espíritu únicamente. Lo hacemos en ignorancia, porque el espíritu desea desarrollar el alma y el cuerpo.

Asistimos a la iglesia semana tras semana, aprendiendo cómo edificar el hombre espiritual. Le decimos a la gente que necesita la Palabra, así como necesitan la alabanza y la oración. No estoy menospreciando la necesidad de estar en la Palabra y de ministrar al Señor con nuestras alabanzas y oraciones. La realidad es que nuestro cuerpo tiene necesidades también. Nuestra alma igual necesita afecto, amor, propósito, relaciones sanas, etc.

Me acuerdo ministrando en Redding, California. Había una señora que tenía necesidad de sanidad para una parte de su cuerpo. Generalmente no abrazo a gente que no conozco y que no me conoce. La señora era americana y ellos no son tan abiertos y amigables como los chilenos. Le pedí permiso para poner mi mano sobre su hombro, mientras intercedía por ella. Me lo permitió, pero mientras oraba, sentí que el Espíritu de Dios me estaba guiando a abrazarla mientras seguía en oración. Esta vez no le pedí permiso, la tomé en ambos brazos, como un padre recibe a su hija y puse una mano sobre su cabeza. Inmediatamente, se abrió la llave de lágrimas, la manifestación externa del dolor del alma interno. La señora, que tenía unos 70 años, me comentó luego, cuando tuvimos un tiempo en privado, que jamás en su vida había recibido una sanidad tan completa como ésa. ¿Me entienden? Muchas veces, el dolor del alma es más agudo que una enfermedad o aflicción en el cuerpo. Dios lo quiere sanar.

"Salúdense unos a otros con un beso santo".
(1 Corintios 16:20 NTV)

¿Qué va a lograr en mi espíritu este acto? Lamentablemente, hemos espiritualizado tanto la vida cristiana, que hay hermanos dentro de la iglesia, muriéndose por falta de afecto. Si no lo reciben dentro de la iglesia, ¿dónde lo van a recibir? Todos necesitan saber que alguien se interesa por ellos, que alguien los ama, que alguien los valora.

He conocido a pastores y misioneros a lo largo de mi vida, que trabajaron tanto para Dios, pero terminaron distantes de sus hijos y esposas, porque nunca tomaron vacaciones para descansar sus propios cuerpos, disfrutar su matrimonio y el fruto de aquello, que son sus hijos. Un hermano venezolano, el primer domingo en nuestra iglesia, me preguntó con asombro: "¿Tú eres el pastor?" Estoy acostumbrado a esa pregunta, porque no tengo la pinta de un latino, pero lo que salió de sus labios fue un comentario que me sorprendió. Me dijo: "No es porque eres blanco, es porque no eres gordo". Continuó diciéndome, que en su país todos los pastores son gordos y no cuidan del único cuerpo que Dios les ha dado. Me imagino que la tasa de ataques cardíacos y muertes antes de tiempo, es alto. El desarrollo y cuidado del cuerpo, alma y espíritu, son indispensables para experimentar la vida abundante que Jesús nos ofrece.

"En verdes prados me deja descansar" - porque mi cuerpo necesita un descanso.
"Él renueva mis fuerzas" _ porque mi alma necesita la tranquilidad.
(Salmo 23:2,3 NTV)

Sanada por su fe

A través de los años, he aprendido que Dios sigue siendo muy creativo; cuando toca a alguien, lo hace de una forma única. Con cada manifestación de la presencia de Dios, me doy cuenta que no lo puedo pintar dentro de un cuadro. Si se fija en los evangelios, en las distintas maneras en que Jesús sanó, es obvio que Él no tenía una fórmula. No había una oración especial ni palabras mágicas que citaba cada vez que realizaba un milagro. Los únicos ingredientes presentes en cada caso, eran la fe y la compasión. Jesús era un hombre lleno de fe y, además, lleno de compasión por los afligidos. Estos dos ingredientes serán esenciales para todo ministerio.

En mayo del 2022, estaba predicando en la ciudad de Glendale, California. El pastor Robyn Calderón me había invitado para compartir ese domingo. Nuestra familia Volstad tiene una trayectoria de tres generaciones con la familia Calderón. Ellos son oriundos de Perú. El padre de Robyn, Samuel Calderón y su esposa Rut, fueron estudiantes de mi tío abuelo Marcos Volstad, en los años 1950, en Trujillo, Perú. Después de varios años de pastorado en Perú, el Señor los llamó a trasladarse a Estados Unidos y abrir una obra entre el pueblo hispano. Fue aquí en California, donde conocí a la familia entera. Tuve el privilegio de trabajar junto con el pastor Samuel y su hijo Robyn, formando parte de un comité de la Alianza Cristiana y Misionera en nuestro distrito.

Esa tarde en Glendale, compartí la Palabra de Dios y ofrecí orar por quien quisiera, una vez terminado el servicio. Se formó una fila de gente que deseaba oración. Lo que pasó en los siguientes minutos, fue algo que había escuchado antes en testimonios. Tengo bien claro, que los ejemplos en la Biblia no limitan a Dios. Sé que Dios es mucho más grande que la Biblia. Lo que tenemos en este precioso libro, son experiencias únicas que hombres y mujeres han tenido con Dios. Cada una de ellas, expresa la naturaleza y el carácter de Dios, quien es eterno e infinito.

Estoy abierto a ver otras expresiones que no están relatadas en la Biblia, pero que sí concuerdan con la naturaleza y carácter de Dios. El texto en (Lucas 1:37), que dice: *"Para Dios no hay nada imposible"*, lo tomo en serio. No puedo encerrar a Dios dentro de un cuadro, poniéndole límites a lo que puede y no puede hacer; tampoco lo puedo limitar a cómo se va a manifestar. La fe genuina se vive en la tensión entre la revelación ya conocida y el misterio, que es la sabiduría eterna de Dios. Pero gracias a Dios, es lo suficiente para empezar a desarrollar nuestra vida en el Espíritu de Dios. Necesito estar en paz con ambos.

La primera persona que pidió oración, era una hermana en Cristo de unos cincuenta años. Sufría del Síndrome de Túnel Carpiano en ambas muñecas, con mucho dolor, lo que le impedía trabajar. Tenía muñequeras puestas en ambas manos, para mantenerlas fijas y estables. Si lo pueden visualizar, había una fila ordenada detrás de ella, viendo y escuchando lo que estaba sucediendo. ¡Qué bonito!, porque con cada toque de Dios, la fe de los demás que esperan, aumenta, esperando su turno. Le pedí permiso para poner mis manos sobre las suyas. La toqué suavemente y en el nombre de Jesús, eché fuera todo dolor. Le pedí al Espíritu Santo, que todos los huesos, tendones y nervios afectados, fueran renovados, para la gloria de Dios Padre.

Al terminar mi declaración, le pedí que moviera sus manos, para ver si había una diferencia con el nivel de dolor que tenía. No sintió ningún dolor. Se quitó las muñequeras y comenzó a girar sus manos, haciendo movimientos que antes le causaban mucho dolor. Recuerdo que dobló hacia su palma, el dedo gordo de la mano derecha, hacía unos años que no tenía esa habilidad, pero Dios tuvo compasión de ella y la sanó en el momento. ¡Gloria a Dios!

Para mi sorpresa, la señora que estaba detrás de ella, levantó su voz y nos dijo que Dios la había sanado al mismo tiempo. Ella era hermana carnal de la primera que recibió la oración. Le pregunté qué había pasado y nos dijo que cuando estaba escuchando la oración por su hermana, que sufría de sus muñecas, en su interior le dijo al Señor: "¡Jesús, yo quiero eso para mí!". Al expresar su fe al Señor, el Espíritu de Dios la tocó y le sanó del dolor que padecía en su hombro.

Es mi convicción, que la fe expresada de una persona, despierta y levanta la fe de otros. Una manifestación del poder y la compasión de Dios, sirve para crear hambre en otros, de recibir lo mismo. El gran ejemplo en la Biblia de la mujer que padecía el flujo de sangre, sirve para apoyar esta convicción. En su interior, decidió tocar a Jesús, sin ninguna declaración o petición externa. Creo que esta señora en Glendale, esa noche hizo algo semejante, en su corazón le dijo al Señor: "Lo quiero, lo recibo". Mira lo que le pasó, para la gloria de Dios.

Hermanos, la Biblia dice que el Espíritu Santo es como el viento. (Juan 3:8 NTV) dice: *"El viento sopla hacia donde quiere. De la misma manera que oyes el viento pero no sabes de dónde viene ni adónde va, <u>tampoco puedes explicar</u> cómo las personas nacen del Espíritu"*. Subrayé esta parte, porque es imperativo que tomemos esta postura en el ministerio. No tenemos una respuesta para todo lo que pasa y eso está bien. Prefiero decirle a alguien: "No sé lo que pasó". Es mejor decir eso, que crear una respuesta de la nada, solo para que no me vean mal o ignorante de las cosas de Dios. ¿Por qué es mejor? Porque es cierto. Muchas veces, una enseñanza falsa ha nacido cuando alguien quiso explicar una acción de Dios, sin que Dios abriera sus labios. La humanidad busca el por qué; Dios busca al hombre/la mujer, que le dice: "Confío en Ti, no necesito una explicación".

¿Cuántos de ustedes saben o pretenden saberlo todo? Arrepentirse de esa actitud es clave, para que el Espíritu de Dios pueda manifestarse como desea en su ministerio.

Lo que el amor revela

He compartido de la necesidad de ser motivado por la compasión en todo ministerio que realizamos. La compasión es una expresión del amor, es amor en acción. Es vital en la vida de todo hijo de Dios. Según (Romanos 5:5 NTV), Pablo declara: *"Pues sabemos con cuánta ternura nos ama Dios, porque nos ha dado el Espíritu Santo para llenar nuestro corazón con su amor"*. El amor de Dios llega a nuestros corazones por medio de su Espíritu, que lo expresa a través de nosotros. Si dejamos fluir este amor celestial en nuestra vida, nos permitirá ver realidades del reino de Dios, que sin él nos sería imposible ver.

El apóstol Juan es único entre los doce discípulos. Tenía una posición muy especial en la vida de Jesús y él lo sabía. Su carta, el Evangelio de Juan, demuestra cómo el amor motivó a Jesús a hacer todo lo que hizo. Jesús le dijo a su madre desde la cruz, que Juan la atendería desde ese día en adelante. Jesús confiaba en él y lo amaba. Cuando comían juntos, como grupo, Juan siempre se sentaba al lado de Jesús y se inclinaba sobre su pecho. Cuando uno tiene su cabeza inclinada sobre el pecho de otro, se puede escuchar el latir de su corazón. Tal vez por esa cercanía creada por el amor, Juan es el único apóstol que no murió como mártir. Los demás fueron apedreados o crucificados. Las autoridades intentaron matar a Juan, pero siempre salía ileso. Como no podían callarlo, lo mandaron al exilio a la Isla de Patmos. Fue en esta isla, donde Juan recibe la máxima revelación de Cristo Jesús en toda su gloria celestial.

Antes de recibir esa visión de Jesús, Juan pudo ver su verdadera identidad, mientras seguía en la tierra. Los otros discípulos no pudieron verlo, porque solo el amor de Dios puede manifestar la verdadera identidad de uno. En el último capítulo y versículo, Juan escribe: *"Jesús también hizo muchas otras cosas. Si todas se pusieran por escrito, supongo que el mundo entero no podría contener los libros que se escribirían"*. (Juan 21:25 NTV).

Creí por muchos años, que estos libros contenían los más grandes milagros y enseñanzas que Jesús hizo en sus tres años de ministerio en la tierra. Seguro que hizo mucho más de lo que tenemos escrito en la Biblia, pero ¿llenar la tierra con libros? Pensé en la autobiografía de Winston Churchill, el famoso británico que guio a Inglaterra en su gran crisis durante la Segunda Guerra Mundial. Se relató todo lo que Winston hizo en sus noventa años de vida, en dos tomos. ¿Cómo que no cabrían los libros escritos contando la vida de Jesús en el mundo entero?

Ésa es una buena y lógica pregunta, si uno está viendo a Jesús como hombre que vivió tres años y luego murió, resucitó y vivió 40 días más. Pero el amor de Juan hacia Jesús, le permitió ver a un Jesús que era mucho más que un profeta que ministró por tres años. Juan pudo ver más allá, a lo eterno. Él vio a Jesús en su auténtica identidad como Dios. El amor es como un filtro, un lente que le permitió ver lo que es eterno.

¿Por qué creo esto? Porque Juan termina su carta como la comenzó, hablando de Jesús. ¿Cómo abre su carta?

> *1 En el principio la Palabra ya existía. La Palabra estaba con Dios, y la Palabra era Dios.*
> *2 El que es la Palabra existía en el principio con Dios.*
> *3 Dios creó todas las cosas por medio de él, y nada fue creado sin él.*
> *4 La Palabra le dio vida a todo lo creado, y su vida trajo luz a todos.*
> *5 La luz brilla en la oscuridad, y la oscuridad jamás podrá apagarla.*
> (Juan 1:1-5 NTV)

Juan abre y cierra su carta, describiendo al Jesús que pudo ver. Juan recibió primero el amor de Jesús por él y correspondió con el mismo amor por Jesús.

A lo que quiero llegar, es esto: Si el amor de Dios fluye con mayor gracia en nuestra vida, nos permitirá ver la verdadera identidad de Jesús como Dios en toda su majestad. Así de importante es esta segunda parte: si amo a otros con el amor de Dios, voy a poder verlos en su verdadera identidad también. Como humanos, nos enfocamos en lo que podemos ver con nuestros ojos. Es nuestra tendencia juzgar a otros según su apariencia y sus hechos. Bueno, todos hacen eso, porque todos pueden ver lo mismo, pero Dios nos llama a un amor más profundo y transformador. Pablo escribe en su segunda carta a la iglesia en Corinto: "Así que hemos dejado de evaluar a otros desde el punto de vista humano.

En un tiempo, pensábamos de Cristo solo desde un punto de vista humano. ¡Qué tan diferente lo conocemos ahora!" (2 Corintios 5:16 NTV).

Si no los consideramos según criterios humanos, ¿cómo los consideramos? Según el espíritu. Juan no consideró a Jesús según criterios humanos, él pudo discernir lo verdadero y eterno en Él. Jesús es diferente y se necesitan ojos nuevos para ver lo que es invisible, según el espíritu. Y es en el siguiente versículo, uno conocido por la mayoría de los seguidores de Jesús, donde Pablo nos muestra lo que marca la diferencia. *"Esto significa que todo el que pertenece a Cristo se ha convertido en una persona nueva. La vida antigua ha pasado; ¡una nueva vida ha comenzado!"* (2 Corintios 5:17 NTV).

Somos una nueva creación si estamos en Cristo. Somos un prototipo, algo que nunca ha existido. Siendo una nueva creación, Dios me permite ver a cada persona con ojos diferentes. Puedo ver que todo ser humano merece ser honrado y respetado con dignidad, porque lleva la imagen de Dios impresa en su persona, aunque no lo pueda ver. Es fácil ver los defectos y la mugre en sus vidas, no se necesita un ojo profético. Pero sí se necesita el ojo de "la nueva creación", para ver el oro y las piedras preciosas que están más allá de la mugre. El amor de Dios es lo que nos da una visión clara de esa verdadera identidad que está en ellos.

Las Zapatillas Rojas

Este milagro es el que más me sorprendió y asombró. Fue el primer milagro que pude oír. Luego, en el ministerio, escuché a otros, pero éste para mí es impactante.

Era un día miércoles y estábamos en una reunión de oración en la iglesia. Estaba presente una señora recién convertida que se llama Verónica. Cuando empezó a seguir a Jesús, traía a sus cuatro hijos a los servicios que teníamos. Por seguir a Jesús y dejar su iglesia tradicional, su esposo los abandonó.

Una breve pausa. En nuestra congregación, a menudo destacaba la diferencia entre "ser un creyente" y "ser un seguidor de Jesús". Hay muchos que pretenden ser creyentes, pero sus vidas no reflejan esa declaración. La Biblia en (Santiago 2:19 NTV) dice: *"Tú dices tener fe porque crees que hay un solo Dios. ¡Bien hecho! Aun los demonios lo creen y tiemblan aterrorizados"*. O sea, aún las huestes de maldad creen en Jesús, pero "¿le siguen?" Por supuesto que no. Jesús llamó a sus doce discípulos y, por ende, a nosotros, a seguirle. Esta breve enseñanza, hizo que muchos de la congregación hicieran una evaluación de su entrega a Jesús.

Como era nuestra costumbre, siempre dedicábamos un tiempo para orar por cualquier necesidad. Orábamos por cualquier petición, pero específicamente por las cosas "imposibles" o casi imposibles, para que Dios se manifestara allí con amor y poder.

La hermana Verónica levantó su mano y pidió oración, para que Dios le sane los pies. Es hermoso ver la fe de una persona tan nueva en los caminos de Jesús, de la manera en que lo hizo. Muchos se demoran años para pedir oración por una necesidad, pero ella no tuvo ninguna dificultad. Creo que se le hizo fácil, porque ya había visto a muchos recibir sanidad al orar con imposición de manos. Quería una respuesta para sí misma, un milagro como los demás.

Estaba sentada en la tercera fila y le pedí que pasara a la primera, porque había más espacio para movernos. No era la única a quien se le ministraría. Otros hermanos estaban orando en pequeños grupos, según la necesidad. Me acuerdo que cuando ella pasó al frente, vi que portaba un par de zapatillas rojas nuevas. El color rojo alumbraba como si estuviera conectado a pilas. Le di a Verónica la opción de sentarse o de quedarse en pie, ella se sentó. Quería estar cómoda.

Al sentarse, le pedí a Verónica que nos contara de su necesidad y nos dijera lo que quería que Dios hiciera por ella. He aprendido que es mejor ir al grano y no pedir toda la historia desde su nacimiento, a menos que su pasado como niña tuviera algo que ver con el problema. Nos comentó que sus pies le estaban doliendo mucho, trabajaba en un pequeño restaurant móvil, donde no había asientos; por lo tanto, pasaba todo el día en pie, preparando comida mexicana para la clientela. Nos dijo que no aguantaba el dolor, pero tenía que trabajar, porque los niños dependían de su ingreso.

Mi esposa Bárbara y yo, junto con tres hermanos, empezamos a ministrarle. Siempre iniciamos nuestras oraciones dirigiéndonos a su identidad como hija de Dios. El diablo a menudo ataca nuestra identidad, porque si él puede hacernos dudar de quiénes somos, lo demás será más fácil. Lo hizo así con Jesús, ¿cierto? En el desierto, Satanás le dice a Jesús, el hijo de Dios: *"Si eres el Hijo de Dios, ¡tírate! Pues las Escrituras dicen: "Él ordenará a sus ángeles que te protejan. Y te sostendrán con sus manos para que ni siquiera te lastimes el pie con una piedra""*. (Mateo 4:6 NTV). He visto que la fe de la persona que está recibiendo la ministración, se restablece cuando su verdadera identidad se declara. En lo personal, creo que el comienzo de toda oración de persona a persona, debe comenzar de este modo.

Mientras otros hermanos dirigían sus palabras a Verónica, me arrodillé frente a ella y puse mis manos sobre sus zapatillas rojas. Cuando sentí que los hermanos habían finalizado con sus oraciones, hice esta declaración en voz alta: "En el nombre de Jesús, ordeno que todos los huesos de los pies se pongan en orden. Que todos los ligamentos y tendones se pongan en línea, así como Jesús los diseñó originalmente. Y ordeno que se vaya todo dolor de estos pies. Amén". Así no más, unos 15 segundos declarando sanidad para los pies. ¿Se han dado cuenta que las oraciones de Jesús relatadas en la Biblia son muy cortas? Hermanos, no se necesita todo un discurso lleno de teología, para derramar la gracia de Dios en la vida de un necesitado. Se requiere la fe y el decreto que nace del cielo.

Me puse en pie y le pedí a Verónica que se levante de la silla. Le dije: "Verónica, camina". La fe siempre tiene una acción. Jesús lo demostró en su ministerio, por ejemplo, le dijo al paralítico: *"Ponte de pie y camina"* (Lucas 5:23 NTV). La genuina fe demanda una genuina expresión. En la carta de Santiago, el autor afirma que la fe sin obras es muerta (Santiago 2:17 NTV) y en el versículo 22, Santiago agrega: *"Su fe y sus acciones actuaron en conjunto: sus acciones hicieron que su fe fuera completa"*. Cuando ministre sanidad, pídale a la persona que haga algo que no podía hacer un minuto antes. Si no podía levantar el brazo, pídale que lo levante. Si sufría con un dolor en el hígado unos cinco minutos antes, pregúntele si el dolor sigue o si ha disminuido. Si disminuyó, ore otra vez con acción de gracias, hasta que se le quite por completo.

Verónica se levantó e iba a dar el primer paso, cuando de repente los huesos de sus pies empezaron a tronar. Todos podíamos escucharlo. Verónica tenía sus ojos y boca como platos, igual que nosotros. Asombrados por lo que estábamos escuchando, nuestra reacción fue de adoración y acción de gracias a Dios. Nunca había escuchado un milagro, éste fue el primero. Digo el primero y no el único, porque llegarían a haber otros. Cuando dejaron de tronar los pies, volví a decirle: "Verónica, anda". Ella dio sus primeros pasos sin dolor y desde entonces, ha caminado sin dolor en sus pies. ¿Qué les puedo decir? Dios es bueno y bondadoso.

El milagro del anillo y las tortillas

Hay veces cuando Dios revela Su poder y carácter de una forma tan asombrosa, que nos deja a todos maravillados.

Era un día domingo en la iglesia *Cristo Salva* en Chico, California, cuando una hermana nos pide interceder por una necesidad que tiene. Ella parecía muy triste y decaída en su semblante, así es que yo esperaba una petición grande. Bueno, grande para nosotros, pero pequeña para Dios. He aprendido a tener siempre presente en mi mente y corazón, que TODO es fácil para Dios. El cáncer, un matrimonio en caos, huesos rotos, etc. Para Dios no hay nada imposible. Si voy a hacer Su voluntad en la tierra como se hace en el cielo, necesito tener esta misma mentalidad. Esto se conoce como la mente transformada. Para el ser humano sin Dios, el cáncer es imposible de sanar; pero para Dios, lo ilógico es lógico en Su mundo.

La hermana nos cuenta que, durante la semana había perdido su anillo de matrimonio. Este anillo tenía un valor incalculable para ella, porque era de su abuela. Estaba tan desesperada, que no fue al servicio el siguiente domingo, se quedó en casa llorando. Como iglesia oramos por ella y le pedí a Dios que el anillo aparezca, para mostrarle a la hermana la compasión y el amor de Su corazón. Además, conté el testimonio de un hermano que había perdido un cuchillo muy importante para él en una ciudad desconocida. Cuando volvió a su habitación en el hotel, dijo en voz alta: "Señor, quiero que me devuelvas mi cuchillo". De la nada, el cuchillo cae sobre la cama. Hice una última oración para animarla.

Le había preguntado dónde lo había perdido y según ella, la última vez que lo había visto fue en la ciudad de Chico, preparando masa para cocinar tamales mexicanos. Creyó que el anillo se le había caído dentro de la masa, pero no se había dado cuenta. Donde vivía, estaba a una distancia de 40 minutos en auto y lo que pasó es inexplicable.

La hermana volvió a la iglesia con una gran sonrisa, esperando el tiempo que le dedicábamos a los testimonios. En el momento que se dio la oportunidad, ella fue la primera, corrió hacia adelante y nos contó lo que había pasado. Después de varios días en su casa, desesperada por la pérdida que había sufrido, se acordó del testimonio del cuchillo. Mientras aspiraba la alfombra de su pieza, pasó diez minutos aspirando el mismo lugar, porque su mente estaba enfocada en su anillo, no en la limpieza. Ella dijo en voz alta: "¡Señor, quiero que me devuelvas mi anillo!" Al declarar esa palabra, movió la aspiradora y sobre la alfombra estaba su anillo. ¿Cómo? Por diez minutos la aspiradora corría sobre esa pequeña área y de la nada, aparece su anillo. Un milagro que nos dejó alabando y agradeciendo a Dios. Pudimos agregar un testimonio más para la gloria de nuestro Padre.

Igual de asombroso fue el testimonio de un hermano nuevo en los caminos de Dios. Gustavo fue salvo de una vida de drogas y pandillas. El Señor comenzó una obra maravillosa en él. Un día en su trabajo, Gustavo se sentó a comer su almuerzo junto con cinco trabajadores amigos suyos. Gustavo trabajaba talando árboles de los campos, preparando la tierra para ser sembrada. Él trajo una porción que sería suficiente para su necesidad en una pequeña bolsa. Por lo tanto, cuando todos los demás le dijeron que se les había olvidado traer comida para su alimentación, Gustavo se acordó de un mensaje que hace poco yo había compartido un domingo en la iglesia. El mensaje tenía que ver con la *multiplicación de los panes y los peces*.

Gustavo se acordó de cómo Jesús había tomado lo poco, le dio gracias a Dios por ello y luego vino la multiplicación de los alimentos. Aprovechó de compartir ese mensaje con sus amigos mexicanos, mientras metía su mano dentro de la bolsa para sacar las pocas tortillas que traía. Al darle al primero, continuó con el segundo y con el tercero, hasta darle tortillas a los cinco. Cuando miró dentro de su bolsa, quedaban más tortillas. Se saciaron todos. No hubo sobra de doce canastas, pero el milagro que se realizó fue en respuesta a la fe de Gustavo. Me puse a pensar los días siguientes: ¿Cuántos milagros no hemos visto, porque en vez de ejercer nuestra fe en una necesidad, buscamos otros medios para resolverla? Creo que hay ángeles designados por Dios para atender nuestras necesidades y la mayoría de los días se lo pasan aburridos. Son mensajeros de Dios para llevar a cabo sus planes, en colaboración con nosotros. Actívenlos hermanos.

No era para Él, era para ti

Hay ocasiones donde la puerta que Dios te abre, tiene un fuerte chillido, para que sea muy obvio lo que Dios te está ofreciendo. Con cada oportunidad, Dios quiere hacer crecer y fortalecer nuestra fe, nuestra confianza en Él. Dios es tan tierno con los suyos, Él sabe cuánto podemos soportar.

La única forma en que mi fe en Dios va a crecer y profundizarse, es por medio de desafíos más grandes. Éstas son circunstancias tan grandes, que mis ojos carnales lo ven como una imposibilidad. Si Dios responde a la fe, eso significa que debo estar ejerciéndola en situaciones donde si Él no aparece, voy a hacer el ridículo.

Ver sanidades y milagros dentro de la iglesia es una cosa; realizarlas en un lugar público, es otro desafío. Me acostumbré a orar por los enfermos y afligidos dentro de las cuatro paredes de la iglesia, pero ¿orar en público por alguien que no conozco y no es cristiano? En mi mente no había alcanzado ese nivel de fe. Claro, Jesús lo hizo, sus discípulos lo hicieron, pero ellos eran los grandes de la fe. Yo, un pastor americano, pastoreando una iglesia hispana en un pueblo que se llama Chico, California. Ésa era mi perspectiva en ese tiempo.

Era un día normal cuando pasé por el supermercado a comprar alimentos para nuestro hogar. Había pasado el día en mi oficina, preparando el mensaje para el domingo que se aproximaba. Entré por las puertas principales y tomé un carro para comenzar esta aventura. Al empezar la tarea de compras, un señor pasó delante de mí con su carro. Pude ver que estaba conectado a un pequeño tanque de oxígeno. Era un señor que tenía aproximadamente setenta años de edad. Inmediatamente ("al tiro" como dice todo chileno), escuché la voz del Espíritu, diciéndome: "Ve y sánalo". Mi corazón empezó a latir muy fuerte, como que se me iba a arrancar del pecho. Seguí paseando por los pasillos, mi corazón continuó palpitando fuerte y la imagen del señor seguía en mi mente. En medio de las frutas y las verduras, le dije al Espíritu Santo: "¿No ves cuánta gente hay en este lugar? Ni conozco a ese caballero, ¿cómo voy a iniciar una conversación con él? ¿Qué tal si me rechaza?"

Mientras continuaba por los pasillos, el peso de la invitación de Dios me acompañaba. No podía deshacerme de ella. Ya no podía soportar esto más, por lo tanto, le dije al Espíritu Santo: "Si tú quieres que ore por ese señor, tendrás que ponernos en un pasillo donde no esté nadie más. Él y yo a solas, para que nadie nos vea". Nunca me imaginé que iba a estar negociando con Dios, poniéndole condiciones, pero en realidad eso era lo que estaba haciendo. Puse esas condiciones intencionalmente, porque el supermercado estaba repleto de gente. Sería imposible encontrar un pasillo completamente vacío con esa multitud de personas.

Por dentro, me tranquilicé un poco. No pasaron más de cinco minutos y me encontré con este señor a solas en un pasillo. No había nadie más allí para vernos. Dios me había tomado en serio y me puso una emboscada.

Quedé paralizado, porque no sabía cómo iba a proceder. ¿Cómo emprendo un diálogo con una persona que no conozco en un supermercado? Sin saber cómo, me puse en marcha hacia él, poniéndome más y más nervioso con cada paso. Al acercarme, vi que estaba tratando de alcanzar una caja de cereales en lo alto del estante. Como estaba conectado a un tubo de oxígeno, le costaba tomarla.

Aproveché esta oportunidad para ayudarle. Le dije: "Señor, veo que le es difícil alcanzar esa caja, yo soy alto, ¿lo puedo ayudar?". El señor me dijo que podía lograrlo y lo vi tomar la caja y depositarla dentro de su carro. Le pregunté: "¿Cuánto tiempo lleva conectado a ese tanque de oxígeno?" Respondió: "Más de diez años". Dentro de mí, podía visualizar un gran milagro manifestándose en el hombre justo en este pasillo del supermercado. Me emocioné, ansioso por ver la mano de Dios efectuando una sanidad en este lugar público, así como Jesús lo hacía. La mayoría de los milagros y sanidades que Jesús realizó, los hizo en público; en mercados, en sus viajes, en lugares de trabajo (la pesca milagrosa de Pedro y los otros discípulos), etc.

Le dije al señor: "He visto muchas sanidades, gente afligida de diferentes enfermedades que, al orar por ellos en el nombre de Jesús, han sanado. ¿Puedo orar por usted para que reciba sanidad?". El señor me miró a los ojos y me dijo: "NO" y se fue. Quedé perplejo por lo que había pasado. Mientras el señor seguía con sus compras, extendí mi mano hacia él y dije en voz alta: "Padre, dáselo de la misma forma". Nada pasó, no se cayó ni arrancó los tubos de su nariz. Mientras continuaba con la compra, yo estaba en un diálogo con el Espíritu Santo. En mi mente, estaba tratando de asimilar lo que pasó. ¿Por qué sentí esta invitación para orar por él, que hasta mi cuerpo físico se puso de acuerdo? ¿Por qué no pasó nada después de luchar contra mis pensamientos y temores? Dios, ¿qué pasó?

Salí del mercado, me senté en el auto y me quedé en silencio. Si voy a escuchar de Dios, tengo que dejar de hablar, ¿cierto? Pasé varios minutos tambaleando con mis dudas y falta de entendimiento. De repente, escucho una frase, no era una voz audible, era un pensamiento muy claro y tranquilo que salió de la nada. La voz que escuché, dijo: "Esta invitación no era para él, era para ti. Él no quería ser sanado. Yo te puse esta prueba, para ver si podrías discernir mi voz en la multitud y si ibas a responder a mi invitación en obediencia, a pesar de tus temores y dudas". Me quedé sentado en silencio y empecé a adorar a Dios. Este momento me cambió. Mi capacidad para discernir y activarme en lo que el Espíritu me estaba guiando, se fortaleció. Mi fe para orar por gente en público, aumentó bastante. He orado por gente en aeropuertos, en plena calle de la ciudad, en oficinas de trabajo y aún en el baño de damas, donde vi un gran milagro.

Dios siempre trabajará con nosotros en el área de nuestros temores, porque éste es el lugar que impide la demostración de nuestra fe en Dios. Si nuestro temor no se vence, nuestra fe no es nada más que palabras. No sé qué pasó con ese señor después de nuestro encuentro, pero sí sé lo que fue transformado en mí.

La fe genuina se manifiesta haciendo lo que nosotros consideramos imposible. Dios es el Dios de lo imposible, no hay nada imposible para Él. Dios nos invita a colaborar con Él, para expresar su voluntad en la tierra. Para hacerlo, Él necesita una mente transformada (Romanos 12:2), una mente que piensa desde una perspectiva celestial. ¿Cómo sabrás cuando tu mente está transformada? Lo sabrás cuando lo imposible parece lógico. Cuando un cáncer que no tiene remedio ni solución, no te lleva a la desesperación, sino que te lleva en oración a Dios, declarando en el nombre de Jesús la muerte de toda célula cancerígena en el cuerpo del afligido y esperando ver la sanidad. (1 Juan 3:8 NTV). *"Pero el Hijo de Dios vino para destruir las obras del diablo"*. Nosotros continuamos la misión de Jesús en la tierra, destruyendo todas las obras del diablo, y toda enfermedad y aflicción caen dentro de ese parámetro.

La sanidad en el baño de damas

Es maravilloso ver la sanidad de un hermano en Cristo. Es aún más sublime, ver a una persona sin Cristo recibir sanidad. Este relato pasó alrededor del año 2012, en Chico, California.

El nuevo local que íbamos a ocupar para la iglesia *Cristo Salva*, estaba en construcción. En ocasiones, me dirigía al lugar para ver el progreso. Siempre me ha fascinado la construcción de edificios, por lo tanto, cualquier oportunidad que tengo, la aprovecho. Me acompañó un querido hermano americano, Paul Skripek, que es el técnico de la iglesia Neighborhood Church. Como nuestro edificio se estaba levantando en terreno de la iglesia americana, Paul estaba involucrado con todo lo que tenía que ver con cables y aparatos para el sistema de WI-FI y los parlantes/micrófonos, etc.

Este día en particular, se estaba instalando la alfombra en el púlpito y un rollo grande de linóleo en los baños. Era grato ver el avance después de mi última visita. Pensando que ésta iba a ser una inspección normal, continué con mi paseo dentro del edificio. Al entrar al pasillo donde se ubican las salas para clases, más los baños para damas y varones, mi compañero Paul me llama, diciendo: "Marcos, ven acá. Te quiero presentar a Mike. Necesita que ores por él". Una cosa es cuando sientes la unción y percibes la invitación de Dios para orar por alguien, pero otra es cuando no estás listo y alguien te ofrece, es un acto que requiere más fe y obediencia. No me sentía preparado para esto, no había pasado tiempo en oración, preparándome para ministrar. En los pocos segundos que tenía antes de llegar a donde estaba Mike, puse mi atención y enfoque en Dios. Me aseguré de su bondad y voluntad de *"destruir las obras del diablo"*. (1 Juan 3:8 NTV).

Mi amigo Paul estaba a la entrada del baño de damas. Mike, un señor de aproximadamente 50 años, estaba instalando el linóleo en el suelo, así es que lo encontré de rodillas. Paul me lo presentó. Mike se puso en pie y se acercó para saludarme. Paul es un hombre muy abierto y libre, no le da vergüenza hacer el ridículo. Eso no pasó en esta ocasión. Paul le dice a Mike: "Muéstrale a Marcos tu codo". Mike levantó su brazo y casi encima del codo, había una bola grande. No sé de qué estaba compuesta, pero no era normal. Era del tamaño de una pelota de golf. Le pregunté si le dolía y me dijo que sí, mayormente cuando tenía que usar sus brazos para presionar el linóleo al suelo.

Paul le dice: "Deja que Marcos ore por ti y esa bola desaparecerá". Ay, yo no tenía esa certeza y convicción. Paul me miró y me dijo: "Bueno, ora por él". Paul se creía el Espíritu Santo, dándome palabras de ánimo y dirección. Permítanme decirles hermanos, es bueno y preferible ministrar en pequeños grupos. Una persona no tiene todo el conocimiento, gracia y verdad. Es mejor ministrar como cuerpo, porque cuando uno se siente débil o incapaz, los demás lo animan. Naturalmente, habrá situaciones cuando uno se encuentra solo, sin ayuda y la gracia de Dios proveerá y respaldará. Hay más sabiduría en equipo. (1 Corintios 2:16 NTV). *"Pero nosotros entendemos estas cosas porque tenemos la mente de Cristo"*. No tengo toda la mente de Cristo, necesito a otros que tienen otra parte de su mente, para complementar.

Le pregunté a Mike si quería que se fuera esa bola y respondió que sí. Le pedí que volviera a levantar su brazo y puse mi mano derecha sobre la bola. ¿Les dije que Mike no es seguidor de Jesús? Envolví toda la bola con mi mano e hice una sencilla, pero directa oración: "En el nombre de Jesús, ordeno que esta bola desaparezca del codo de Mike. Gracias Padre Dios por tu demostración de amor y poder en el cuerpo de Mike. Amén". Al sacar mi mano de su brazo, ya no había una bola allí. Mike, cuando lo vio, corrió hasta el fondo del baño, alejándose de nosotros. Dijo en voz alta: "¿Qué me hicieron?" Su pregunta me hizo recordar la reacción de los discípulos al experimentar el poder de Jesús al llenar sus dos barcas con peces. Pedro exclamó: *"Señor, por favor, aléjate de mí; soy un hombre tan pecador"*. (Lucas 5:8 NTV).

Mike seguía mirando su codo y aproveché de compartir con él lo que recién vivió. Le hablé del amor del Padre, de la obra de Jesús para reconciliarlo con el Padre y de la manifestación del Espíritu de Dios, que confirma la obra del Padre y del Hijo. Aunque Mike no tomó una decisión ese día para seguir a Cristo, Dios lo marcó con la evidencia de su amor y poder. Volví a verlo una vez más, dos semanas después. Su trabajo estaba por concluir dentro del edificio. Nos vimos de lejos y levanté mi brazo para saludarlo. Él hizo lo mismo, levantando el brazo sanado, apuntando con el dedo el lugar donde la bola había estado. Luego apuntó hacia el cielo.

No sé qué pasó con Mike, ésa fue la última vez que lo vi. Le di gracias a Dios por la contribución a su vida que me correspondió, al ministrarle sanidad. A otra persona le va a tocar introducirlo a Jesús de una forma personal y eterna. La sanidad, como los milagros, son señales que nos hacen pensar; señales que apuntan a una mayor realidad. La sanidad no es un fin en sí, sino una invitación para conocer a nuestro Padre celestial en intimidad.

¿De dónde debemos luchar?

Por muchos años, le suplicaba a Dios por necesidades, usando la siguiente frase: *"Dios, si es tu voluntad..."*. Sin pensarlo bien, yo me imaginaba en la tierra y que Dios estaba en el cielo; por lo tanto, había una gran distancia entre los dos. Era mi tarea tratar de llamar su atención para que me hiciera caso y atendiera mi petición. Todos esos años, no estaba orando con fe, tampoco de mi posición en Cristo Jesús. Por eso muy poco pasó. Tomé la oración de Jesús en el huerto de Getsemaní, como un patrón a seguir en toda situación: *"Padre, si quieres, te pido que quites esta copa de sufrimiento de mí. Sin embargo, quiero que se haga tu voluntad, no la mía"*. (Lucas 22:42 NTV). Esta oración tenía que ver con la redención del mundo, nosotros jamás estaremos en esa posición. No tenía que ver con las necesidades cotidianas que afectan este mundo. Se trataba de la única solución que libraría a todo el planeta. Jesús ofreciendo su vida, para abrir el camino a Dios, solo Jesús podía orar de esta manera, en esa ocasión.

Me di cuenta más tarde, que esta petición era única. Era un diálogo entre Dios Hijo y Dios Padre, donde no había ningún desacuerdo o división. Es una unión perfecta, donde tanto el Padre como el Hijo, son un reflejo el uno del otro. Jesús dijo en su ministerio: *"Les digo la verdad, el Hijo no puede hacer nada por su propia cuenta; solo hace lo que ve que el Padre hace"*. (Juan 5:19 NTV). Jesús sabía que Dios podía y quería sanar y liberar a todos, por eso no se escucha a Jesús pidiéndole al Padre si era su voluntad sanar al leproso o darle vista al ciego. Jesús hacía lo que su Padre hacía y decía lo que su Padre decía. Sanidad y restauración para todos.

Cuando cambié mi oración ante una gran necesidad, inmediatamente empecé a ver la mano de Dios manifestándose en sanidades, milagros y en la transformación de vidas. Voy a compartir lo que he aprendido, para que puedan realizar las mismas obras que Jesús, pero mayores, como Él lo prometió. *"Les digo la verdad, todo el que crea en mí hará las mismas obras que yo he hecho y aún mayores, porque voy a estar con el Padre"*. (Juan 14:12 NTV). Pero, si voy a hacer mayores obras, tendré por lo menos que hacer lo que Él hizo.

Hay un texto muy interesante en (2 Corintios 12:2), donde el apóstol Pablo nos abre una ventana, para ver de dónde debemos luchar. Pablo dice: *"Hace catorce años fui llevado hasta el tercer cielo. Si fue en mi cuerpo o fuera de mi cuerpo no lo sé; solo Dios lo sabe"*. (2 Corintios 12:2 NTV). En este versículo, Pablo revela que hay por lo menos tres ambientes celestiales. Teólogos categorizan a los tres como: el primer cielo, el segundo cielo y el tercer cielo.

El <u>Primer</u> Cielo: Éste es el ambiente físico que nos rodea, lo que podemos tocar y ver con nuestros sentidos físicos.

El <u>Segundo</u> Cielo: Es el ambiente invisible espiritual, donde los ángeles de Dios y los demonios de Satanás hacen guerra.

El <u>Tercer</u> Cielo: Ésta es la morada de Dios. Aquí es donde estamos sentados en y con Cristo. De aquí debemos realizar toda lucha espiritual y generar toda oración, para cualquier cosa.

Tercer Cielo (la morada de Dios)

―――――――――――――――――――

Segundo Cielo (ángeles y demonios)

―――――――――――――――――――

Primer Cielo (la tierra)

Cuando tratamos de entablar combate con la realidad de nuestro primer cielo, terminamos luchando con la gente que nos rodea (carne y sangre), en vez del verdadero enemigo (las huestes del diablo). Si decidimos luchar en este ambiente, nos esforzamos desde la tierra (el primer cielo) empujando hacia arriba contra el enemigo (el segundo cielo) y sus ataques. En esta posición nos encontramos bajo el poder del enemigo, siendo que el primer cielo está debajo del segundo cielo. Esto nos impide hacer la guerra con una efectividad total.

Si batallamos con esta perspectiva, nos encontramos luchando contra el peso de la opresión diabólica que nos mira como si fuéramos un blanco. Luchando en el segundo cielo, sería semejante a entrar en el ring de boxeo, donde pelearíamos contra el enemigo en su propio campo de batalla. Boxeando contra un demonio a este nivel, es posible que le demos algunos golpes, pero también experimentaríamos algunos golpes como represalia.

Cuando estaba pastoreando en la ciudad de Seattle, Washington, conocí a un pastor que tenía un ministerio de liberación espiritual. Pude percibir que su enfoque era lo que los demonios estaban presentando en la vida de las personas. Me parecía que andaba buscándolos para hacerles frente. En nuestras conversaciones, me di cuenta de que él muy pocas veces hacía referencia a Jesús o al poder del Espíritu Santo. Le advertí que lo que estaba haciendo era muy peligroso para su bienestar. Básicamente, estaba luchando contra el segundo cielo, desde el primer cielo. Lamentablemente, después de un año, este querido hermano tuvo un colapso mental y espiritual. Lo tuvieron que internar en un manicomio por varios meses, mientras el Espíritu de Dios hacía su obra de restauración.

¿Qué pasó? El hermano intentó hacer frente a los poderes del segundo cielo, pero lo hizo usando los recursos del primer cielo. ¿Cuáles son esos recursos? Nuestra inteligencia, nuestra lógica, nuestros dones y talentos, nuestro esfuerzo y nuestra perseverancia natural. El hijo de Dios no está capacitado para luchar contra el enemigo espiritual desde su posición terrenal. Cuando luchamos en el segundo cielo, perdemos nuestra verdadera identidad, porque estamos descuidando el don de Dios de estar sentados con Él en el tercer cielo.

Encontramos en el libro de Daniel capítulo 10, una lucha en el segundo cielo. Daniel estaba orando por entendimiento de un sueño que había tenido. En este relato, podemos ver la interacción entre los tres cielos. Daniel dirige su oración a Dios, que vive en el tercer cielo. Dios manda a un ángel del tercer cielo al primer cielo con la respuesta, pero se desata una lucha en el segundo cielo, donde los demonios tratan de impedir que ese mensaje llegue a Daniel en el primer cielo.

1 En el tercer año del reinado de Ciro de Persia, Daniel (también llamado Beltsasar) tuvo otra visión. Comprendió que la visión tenía que ver con sucesos que ciertamente ocurrirían en el futuro, es decir, tiempos de guerra y de grandes privaciones.
2 Cuando recibí esta visión, yo, Daniel, había estado de luto durante tres semanas enteras.
3 En todo ese tiempo no comí nada pesado. No probé carne ni vino, ni me puse lociones perfumadas hasta que pasaron esas tres semanas.
4 El 23 de abril, mientras estaba de pie en la ribera del gran río Tigris,
5 levanté los ojos y vi a un hombre vestido con ropas de lino y un cinto de oro puro alrededor de la cintura.
6 Su cuerpo tenía el aspecto de una piedra preciosa. Su cara destellaba como un rayo y sus ojos ardían como antorchas. Sus brazos y sus pies brillaban como el bronce pulido y su voz era como el bramido de una enorme multitud.
10 En ese momento, una mano me tocó y, aún temblando, me levantó y me puso sobre las manos y las rodillas.
11 Entonces el hombre me dijo: «Daniel, eres muy precioso para Dios, así que presta mucha atención a lo que tengo que

decirte. Ponte de pie, porque me enviaron a ti». Cuando me dijo esto, me levanté, todavía temblando.

12 Entonces dijo: «No tengas miedo, Daniel. Desde el primer día que comenzaste a orar para recibir entendimiento y a humillarte delante de tu Dios, tu petición fue escuchada en el cielo. He venido en respuesta a tu oración;

13 pero durante veintiún días el espíritu príncipe del reino de Persia me impidió el paso. Entonces vino a ayudarme Miguel, uno de los arcángeles, y lo dejé allí con el espíritu príncipe del reino de Persia. 14 Ahora estoy aquí para explicar lo que le sucederá en el futuro a tu pueblo, porque esta visión se trata de un tiempo aún por venir 15 Mientras me hablaba, bajé la vista al suelo, sin poder decir una palabra.

20 —¿Sabes por qué he venido?—respondió él—. Pronto debo regresar a luchar contra el espíritu príncipe del reino de Persia y después de eso vendrá el espíritu príncipe del reino de Grecia. 21 Mientras tanto, te diré lo que está escrito en el libro de la verdad. (Nadie me ayuda contra esos espíritus príncipes, a excepción de Miguel, el espíritu príncipe de ustedes.

(Daniel 10:1-6, 12-15, 20-21 NTV)

¿Se dan cuenta que Daniel no luchó en esta batalla? Él esperó en Dios. Dios lo escuchó desde el primer día, mientras Daniel seguía en oración, esperando la respuesta. ¡Qué gran ejemplo nos da Daniel acerca de cómo prevalecer!

Si vamos a ser guerreros efectivos, debemos luchar toda guerra espiritual desde la posición de poder, que es de Dios. Al luchar en el segundo cielo, luchamos como adversarios, no como campeones. Es para nuestro beneficio dejar que los ángeles luchen a nuestro favor, mientras nos quedamos sentados con Cristo en el tercer cielo. Un pasaje que revela esta realidad se encuentra en Daniel 10:10-14. En este pasaje, un ángel describe el conflicto que está sucediendo en el segundo cielo. Mientras que el ángel mensajero estuvo retrasado, Miguel, un arcángel de Dios, fue despachado para traer refuerzos. Esto permitió que el primer ángel se desenredara de su adversario del segundo cielo, para traer su mensaje a Daniel, que estaba en el primer cielo (la tierra).

Por lo tanto, cuando entablamos cualquier batalla espiritual desde el tercer cielo (nuestro lugar de descanso, donde estamos sentados con Cristo en victoria), llegamos a ser espectadores y dejamos que el ejército de Dios pelee nuestras batallas. Ésta es la única posición donde Satanás queda bajo <u>nuestros</u> pies. *"El Dios de paz pronto aplastará a Satanás bajo los pies de ustedes"*. (Romanos 16:20 NTV).

Lo que acabo de compartir, en parte lo aprendí por medio de una experiencia que jamás se borrará de mi mente. Esto sucedió alrededor del año 2009. Nuestra hija mayor, Leah, tenía unos 17 años. Por meses, estaba padeciendo de ataques que parecía que eran de pánico que la dejaban paralizada de temor y mareada. Su cuerpo lo manifestaba con una parálisis y su piel se ponía pálida. Estos ataques se presentaban al azar. No importaba el lugar ni la hora, de pronto se le venía encima. Bárbara y yo hicimos todo lo que sabíamos, buscando su sanidad y liberación en el nombre de Jesús. Mis oraciones las dirigí al diablo y a los demonios, y las declaré con mucha pasión, pero nada cambió. Estábamos cansados y exhaustos, no teníamos respuestas ni poder para cambiar la situación.

Una noche volví a casa muy tarde, después de un servicio en una iglesia en otra ciudad. Esperaba una casa en silencio, mis hijas y Bárbara, dormidas. Cuando entré, vi que mi esposa estaba sentada en el sofá leyendo. Le pregunté por qué no estaba en cama, dormida. Me comentó que Leah había tenido otro ataque y que al fin se había dormido, pero sobre nuestra cama. La frustración y desesperación de los meses se me juntó en ese momento e hice algo que nunca debería haber hecho, oré al diablo.

La oración es la comunicación y la comunión. Aunque no estaba en comunión con el diablo, le hablé directamente en esta ocasión. Sin saber las consecuencias, le dije a Satanás: "¡Ya, basta! Como hijo de Dios, tomo mi lugar como cabeza de mi familia y te ordeno que no tienes acceso a mi familia, a menos que primero pases por mí". En ese entonces, no tenía la revelación de los tres cielos y en mi ignorancia, entablé una lucha desde el primer cielo contra el segundo cielo.

Como Leah estaba dormida en nuestra cama, me fui a una pequeña pieza que no tenía cama. Tendí una cobija en el piso, me acosté y puse otra sobre mí, mientras dirigía mi oración a Dios, pidiendo ayuda. Dentro del primer minuto al acostarme, tuve una visión. No estaba dormido, no era un sueño normal. Esto era una experiencia nueva para mí. Me encontré en una escena oscura, se parecía a un bar. El temor que sentí era tan profundo, nunca había vivido un temor a esta escala. Podía sentir cómo el palpitar de mi corazón iba aumentando, que aún lograba escucharlo. En la escena, vi delante de mí tres figuras, sin detalles. La primera me mostraba su espalda, era masivo y un poder me tiraba hacia él, aunque yo no movía mis pies. Era una atracción fuera de mi control, como un imán.

Mientras más me acercaba, más fuerte y aterrador se manifestaba el temor. Mi cuerpo físico respondía a lo que estaba viviendo. Pude percibir que la segunda imagen era mi hija Leah, aunque tampoco podía ver sus detalles.

La tercera figura estaba detrás del bar y era más alta que Leah, aunque no percibí nada sobre su identidad. Un poder me acercaba a la primera figura y yo no tenía ningún poder, ni voz para detener lo que me estaba pasando. Al llegar a su espalda, tiritando de susto, la figura se dio vuelta y con la cara de malvado, me abrazó muy fuerte y empezamos a girar. Me abrazó con mis brazos pegados a mi torso. Se reía como un monstruo, se reía de mí. Al girar, comenzamos a elevarnos dentro de la escena. Me encuentro sin voz, paralizado, porque no me puedo mover y mareado, porque estamos girando.

Les cuento una vez más, el temor en esta experiencia era sobrenatural. Esperaba en Dios, pero no hubo ninguna intervención. (Ahora entiendo por qué. Yo me puse en esta situación, yo busqué esta batalla. No le pedí a Dios que Él luchara a su manera).

Cuando no pude más, se me soltó la lengua y la voz para gritar lo siguiente: "¡Jesús, te alabo!". Inmediatamente salí de la visión y me encontré en el piso, con mi corazón latiendo fuerte, a mil kilómetros por hora. Me costó dormir. Hablé con Dios y le dije: "Jamás voy a pedir algo semejante, no quiero volver allí". Pero les quiero decir algo. Mi hija Leah jamás volvió a tener esos ataques. No fue por lo que logré con mi inteligencia, mi desafío, ni mi poder. Todo fue por la gracia de Dios y su compasión hacia mi hija y hacia mí.

Unos dos años más tarde, nuestra segunda hija, Lydia, empezó a tener experiencias parecidas a las de Leah. Un amigo me hizo recordar que en la visión que había tenido, había tres figuras. La primera era un demonio, la segunda era Leah, pero había una tercera que quedaba detrás del bar. Esta tercera era más alta que Leah. Sentí que el Espíritu de Dios me dijo: "La tercera figura es tu segunda hija y el bar representa una división entre las dos. Esa división es el tiempo". En esta ocasión, le dije a Dios que no iba a luchar para la liberación de Lydia como lo hice con Leah. No quería volver a experimentar lo que viví esa noche. "Dios, que tus ángeles lo hagan con los planes que tú has diseñado y yo voy a agregar mi amén". Dios es más que capaz para pelear nuestras batallas y lo hace cuando descansamos en Él, firmes en nuestra posición, sabiendo que todo está bajo nuestros pies.

El apóstol Pablo nos da una perspectiva de la guerra espiritual extraordinaria y nos enseña cómo funciona. *"Pues no luchamos contra enemigos de carne y hueso, sino contra gobernadores malignos y autoridades del mundo invisible, contra fuerzas poderosas de este mundo tenebroso y contra espíritus malignos de los lugares celestiales".* (Efesios 6:12 NTV).

Nuestro enemigo no es carne y sangre (lo que vemos en el mundo visible y físico). Nuestros vecinos, líderes, cónyuges e hijos adolescentes, no son el enemigo contra el que debemos luchar. Tampoco los políticos o aquellos que promueven sus agendas, que son contrarias a las nuestras.

Tenemos que aprender a quitar nuestro enfoque de lo que está sucediendo en el ambiente físico que nos rodea (el primer cielo) y enfocar nuestras oraciones a lo que Dios está haciendo en el ambiente espiritual.

Jesús nos insta a invertir nuestras vidas en lo que está pasando en el cielo, en vez de en la tierra, porque sabe que cuanto más invertimos en la eternidad, esa realidad se reflejará más en nuestra realidad terrenal (Mateo 6:19-21). Jesús, como Pablo, nos anima a mantener nuestra mente enfocada en lo que está pasando en el ambiente invisible. No fuimos creados solamente para tener éxito aquí en la tierra, en lo físico. Debemos prosperar en lo espiritual también. Considere el siguiente versículo: *"Piensen en las cosas del cielo, no en las de la tierra. Pues ustedes han muerto a esta vida, y su verdadera vida está escondida con Cristo en Dios"*. (Colosenses 3:2-3 NTV). Si nos encerramos solamente en el mundo físico, vamos a fallar en hacerle frente al mundo invisible/espiritual, que está detrás de la escena, tirando los cordones como un titiritero.

En la historia de Eliseo y su criado, vemos cómo los ojos de un hombre (el criado), estaban cerrados al mundo invisible. Al estar rodeados por sus enemigos, los sirios, el profeta, sin temor, dijo: *"¡No tengas miedo! —le dijo Eliseo— ¡Hay más de nuestro lado que del lado de ellos!"* (2 Reyes 6:16 NTV). Dios abrió los ojos del criado y le permitió ver la verdadera realidad. Él estaba rodeado de los ángeles de Dios, no solamente del ejército sirio.

Como el criado de Eliseo, debemos cesar de enfocarnos en lo que está pasando a nuestro entorno y poner atención a lo que está pasando detrás del escenario. Pues, si reconocemos el mundo espiritual y permitimos que el Señor nos abra los ojos a su influencia, entonces veremos cuán protegidos y equipados estamos para la guerra espiritual.

Muchos cristianos tienen dificultades relacionándose con el ambiente espiritual/invisible, porque obviamente es difícil verlo. Mucho de lo que vemos en el ambiente físico, tiene una realidad espiritual detrás de ello. Por ejemplo, a veces una persona que está manifestando ira, no está pasando un mal día. Es posible que haya un espíritu de ira que está atormentando a esa persona y él/ella está de acuerdo con el espíritu, por ende, se ha sometido a su influencia.

Parte de nuestra tarea como hijos de Dios, es aprender cómo discernir lo que está pasando a nuestro alrededor, en lo invisible. ¿Por qué? Para que no nos pongamos de acuerdo con lo que está en contra de Dios. Cuando nos aliamos con lo que Dios está diciendo y luchamos de una perspectiva celestial, con mayor facilidad vamos a poder prevalecer contra las artimañas del verdadero enemigo.

"Miren, les he dado autoridad sobre todos los poderes del enemigo; pueden caminar entre serpientes y escorpiones y aplastarlos. Nada les hará daño".
(Lucas 10:19 NTV)

"El Dios de paz pronto aplastará a Satanás bajo los pies de ustedes".
(Romanos 16:20 NTV)

"*4 Pero ustedes, mis queridos hijos, pertenecen a Dios. Ya lograron la victoria sobre esas personas, porque el Espíritu que vive en ustedes es más poderoso que el espíritu que vive en el mundo.*
5 Esas personas pertenecen a este mundo, por eso hablan desde el punto de vista del mundo, y el mundo les presta atención.
6 En cambio, nosotros pertenecemos a Dios, y los que conocen a Dios nos prestan atención. Como ellos no pertenecen a Dios, no nos prestan atención. Así es como sabemos si alguien tiene el Espíritu de verdad o el espíritu de engaño".
(1 Juan 4:4-6 NTV)

"Pues todo lo puedo hacer por medio de Cristo, quien me da las fuerzas".
(Filipenses 4:13 NTV)

"Sin embargo, cuando alguien sigue pecando, demuestra que pertenece al diablo, el cual peca desde el principio; pero el Hijo de Dios vino para destruir
las obras del diablo".
(1 Juan 3:8 NTV)

"10 Una palabra final: sean fuertes en el Señor y en su gran poder.
11 Pónganse toda la armadura de Dios para poder mantenerse firmes contra todas las estrategias del diablo.
12 Pues no luchamos contra enemigos de carne y hueso, sino contra gobernadores malignos y autoridades del mundo

invisible, contra fuerzas poderosas de este mundo tenebroso y contra espíritus malignos de los lugares celestiales.
13 *Por lo tanto, pónganse todas las piezas de la armadura de Dios para poder resistir al enemigo en el tiempo del mal. Así, después de la batalla, todavía seguirán de pie, firmes".*
(Efesios 6:10-13 NTV)

"Pero gracias a Dios! Él nos da la victoria sobre el pecado y la muerte por medio de nuestro Señor Jesucristo".
(1 Corintios 15:57 NTV)

¿Lo crees?

Esta postura es esencial para todo ministerio. Ministramos liberación, sanidad, milagros, la predicación de la Palabra, etc., desde nuestra posición con Cristo en Dios en el tercer cielo. Solo así se podrá manifestar la plena voluntad de Dios sobre todas las obras del enemigo.

El siervo inútil

En el evangelio de San Lucas, hay una parábola muy interesante, que me parece ha creado una perspectiva errónea de nuestra identidad y responsabilidad. Para entenderla, se necesita leer el contexto, el terreno en que Jesús planta esta semilla.

¿Cómo se ve a usted mismo? ¿Como un hijo o como un siervo inútil? ¿Como un hijo amado de Dios o como un pobre gusano de la tierra?

> *1 Cierto día, Jesús dijo a sus discípulos: «Siempre habrá tentaciones para pecar, ¡pero qué aflicción le espera a la persona que provoca la tentación! 2 Sería mejor que se arrojara al mar con una piedra de molino alrededor del cuello que hacer que uno de estos pequeños caiga en pecado.*
> *3 Así que, ¡cuídense! Si un creyente peca, repréndelo; luego, si hay arrepentimiento, perdónalo.*
> *4 Aun si la persona te agravia siete veces al día y cada vez regresa y te pide perdón, debes perdonarla».*
> *5 Los apóstoles le dijeron al Señor: Muéstranos cómo aumentar nuestra fe. 6 El Señor respondió: Si tuvieran fe, aunque fuera tan pequeña como una semilla de mostaza, podrían decirle a este árbol de moras: Desarráigate y plántate en el mar", ¡y les obedecería!*

> *7 Cuando un sirviente vuelve de arar o de cuidar las ovejas, ¿acaso su patrón le dice: Ven y come conmigo"?*
> *8 No, le dirá: Prepara mi comida, ponte el delantal y sírveme mientras como. Luego puedes comer tú".*
> *9 ¿Y le agradece el amo al sirviente por hacer lo que se le dijo que hiciera? Por supuesto que no.*
> *10 De la misma manera, cuando ustedes me obedecen, deben decir: Somos siervos indignos que simplemente cumplimos con nuestro deber".*
> (Lucas 17:1-10 NTV)

Jesús vino a revelar el corazón del Padre. Una buena señal de que entendemos lo que Jesús hizo por nosotros, es que nos vemos como un/a hijo/a amado/a de Dios. Entonces, ¿qué hacemos con este texto de Lucas 17:1-10? No sé si esto le esté produciendo un poco de confusión, porque Jesús dijo:

> *"Ya no los llamo esclavos, porque el amo no confía sus asuntos a los esclavos. Ustedes ahora son mis amigos, porque les he contado todo lo que el Padre me dijo."*
> (Juan 15:15 NTV)

Pues, ¿qué somos? ¿Amigos o siervos? ¿Hijos o esclavos? La verdad es que hemos llegado a ser hijos de Dios, por medio de la gracia de Cristo Jesús. *"Miren con cuánto amor nos ama nuestro Padre que nos llama sus hijos, ¡y eso es lo que somos!* (1 Juan 3:1 NTV). Por lo tanto, en el texto de Lucas 17:1-10, ¿a quién se está refiriendo Jesús? ¿Quién es el siervo inútil?

Le voy a dar una buena noticia, no es usted, sino la fe que nunca se ejercita, que nunca se pone en práctica. La fe que no se usa, no vale para nada.

Si vemos el contexto, Jesús está respondiendo a una petición de parte de sus discípulos: *"Muéstranos cómo aumentar nuestra fe"*. (Lucas 17:5 NTV). ¿Por qué pidieron por más fe? Porque según los versículos 3 y 4, los discípulos encontraron casi imposible perdonar a una persona siete veces en un solo día. En su respuesta, Jesús básicamente les dice: "Ustedes no necesitan más fe, necesitan trabajar la fe que ya tienen". (v.7)

Al leer la parábola que Jesús relata en los versículos 7-10, ¿con quién se identifica? ¿Con el siervo o con el maestro encargado del siervo? ¿Se fija que tenemos un siervo que se llama fe? La fe es un don dado por Dios, para activar las obras de Dios en nuestras vidas y cumplir con sus propósitos. Pero la fe que no hace nada es como tener a un siervo inútil que no sirve para nada. Como un siervo, la fe necesita algo que hacer.

Hermanos, no necesitan más fe para hacer grandes cosas para Dios, solo necesitan usar lo poquito que ya tienen (la semilla de mostaza) y con eso, podrán mover árboles y montañas. Dejen de titubear y crean que Dios es quien declara ser y que hará lo que ha dicho.

Al considerar todo lo que Dios ha hecho, la fe se levantará del sofá. Al considerar su suprema bondad, la fe empezará a trabajar. Ése es el propósito de este libro, despertar esa fe en cada uno de los hijos de Dios.

Este siervo nuestro, la fe, está esperando que tomemos una decisión, para que, en cooperación con el Espíritu de Dios, su propósito y voluntad se puedan cumplir. Si no creo que Dios puede sanar a una persona que está sufriendo con cáncer, voy a dejar a mi siervo (la fe) sentado en el sofá. Con el tiempo, esa fe se irá debilitando por falta de uso. Si esto continúa, dejaré de vivir por fe y dependeré de mi propio razonamiento e inteligencia. ¿Cuántos de ustedes tienen familiares que reflejan esta realidad en lo natural? O sea, pasan horas viendo televisión y en muy poco tiempo, su forma y energía se va desgastando, ¿cierto?

"¡Señor, aumenta mi fe!" Y el Señor te dirá: "¡NO! Usa la fe que ya tienes". Mientras más la usas, más fuerte y grande se hará. Cuando ves ese cáncer desaparecer en segundos, la fe aumentará, para que la próxima vez puedas sanar a un paralítico o a un ciego.

Hermanos en Cristo, ¡ánimo! Dios le ha dado a cada uno de ustedes, un siervo que se llama fe. Lo han recibido para hacerlo trabajar en las imposibilidades de la vida. Ustedes no sirven al siervo. No lo dejen sentado en el comedor, mientras preparan toda la comida para servirle. La fe está presente, para que le demos tareas que son imposibles. Pónganlo a trabajar en el nombre de Jesús y verán las obras de Dios.

La llamaron "Milagro" en el hospital

En el 2017, llegó una pareja, Miguel y Ceila, con su hija, a la iglesia *Cristo Salva* en Chico, California. Miguel era hermano carnal de un hermano de la congregación. Habían escuchado testimonios de lo que Dios estaba haciendo en la vida de sus familiares. Esto despertó en ellos un deseo de experimentar por sí mismos lo que Dios estaba haciendo. Llegaron tímidos, pero hambrientos e inmediatamente, una chispa del Espíritu de Dios prendió un fuego en ellos. En poco tiempo, entregaron sus vidas a Jesús y empezaron a seguirle.

¿Se han dado cuenta que Jesús extendía una invitación a seguirle, tanto a sus doce discípulos como a todos los demás?

Un día domingo, después de terminar el servicio, Ceila se acercó a mí y a Bárbara. Pidió oración, porque la iban a operar el martes siguiente. Por muchos meses, Ceila estaba sufriendo un malestar en sus intestinos y los médicos, por medio de muchos exámenes, la diagnosticaron con un tumor. Ceila traía una masa grande dentro de sus órganos y le dijeron que era imperativo sacarla. Por supuesto, esta noticia despertó mucho temor en ella. Ceila estaba pensando lo peor. Estaba en ese campo de batalla, entre la esperanza y la desesperación. Aunque había visto y escuchado testimonios de sanidades, se encontraba ahora en medio de esta historia. ¿Responderá Dios con otra sanidad? ¿Soy lo suficiente buena o santa para merecer ser sanada? Éstas son preguntas que pasaban por su mente y pasan por las nuestras, cuando necesitamos una intervención sobrenatural en nuestras vidas.

Fuimos a un rincón de la sala, donde había muy poca gente, para poder orar con ella sin estorbo. Impusimos nuestras manos sobre sus hombros y comenzamos a orar. Bárbara oró primero, enfocándose en la postura y condición de su alma y espíritu. La animó, afirmándola con la verdad de que Dios obra según Su naturaleza, carácter y promesas. Dios sanó a toda clase de gente en la Biblia. Gente "santa" y gente "incrédula", sí, aún gente que no lo conocía. En (2 Reyes 5), nos cuenta de un jefe del ejército del rey de Siria. Naamán sufría de lepra. ¿Se han dado cuenta que él es sirio? Los sirios son enemigos del pueblo de Dios, Israel. Naamán escucha el testimonio de un profeta en Israel que sana a los enfermos. El rey de Siria manda a su general y ayudante a Israel, para buscar a este profeta que se llamaba Eliseo. Para hacer una larga historia más corta, Dios lo sana cuando se mete al río Jordán siete veces. ¿Fue sanado Naamán porque era amigo de Dios y por vivir una vida piadosa? La respuesta es obvia, no.

Cuando empecé a orar por Ceila, hice una declaración de lo que estaba viendo en el Espíritu. Lo hice en voz audible, porque quería traer lo que veía en el Espíritu a la tierra. Así creó Dios todas las cosas, habló declarando: "*Que sea hecho...*" Dije: "Ceila, veo que el doctor va a buscar esa masa negra y no la va a hallar. Además, las enfermeras te van a llamar la mujer milagro, por el testimonio que darás de cómo Dios te ha sanado". Añadí otras palabras de bendición y al terminar, nos despedimos. Le pedí que nos enviara un mensaje cuando le fuera posible, dándonos las nuevas de cómo le había ido.

Ceila nos había dicho que el sábado, el día antes de pedir que oráramos por ella, los técnicos habían tomado rayos de su vientre y se podía ver la masa. Tres días después del examen, Ceila es llevada a la sala quirúrgica. Como a las 5 de la tarde, recibí un mensaje de Ceila. El texto comenzó así: "Aleluya, no hay nada". Siguió dando más detalles de lo que había pasado. Ceila contó que, al despertar de los efectos de la anestesia, la doctora estaba a su lado y le dijo que cuando la abrieron para sacar la masa negra, no la vieron. Estaban usando la radiografía que habían tomado tres días antes como referencia, pero no había nada. Asimismo, le dijo que buscó por 45 minutos, moviendo sus órganos, pensando que la masa se había movido y escondido detrás de otro órgano en los últimos días, después de tomar la radiografía. Nada.

Hay más, desde ese momento, todas las enfermeras y la doctora se referían a Ceila como "la mujer milagro", tal cual yo lo había declarado en el nombre de Jesús. Cuando recibí esta noticia, me puse a reír. ¿Por qué no? Dios es tan bueno y maravilloso en todo lo que hace. Me sorprende Su bondad y en cómo Él obra, llevando a cabo Su voluntad aquí en la tierra.

Fue un testimonio emocionante dentro de la iglesia el domingo de su regreso. Entre lágrimas de gratitud y gozo, Ceila nos contó su experiencia con la presencia de Dios. No solo el toque de Dios en su cuerpo, sino el amor y la paz de su presencia en su alma.

Hermanos, Dios es muy creativo en cómo obra. Que el Espíritu Santo siga depositando en nuestros corazones más discernimiento, para ver cómo desea manifestar Su poder y amor en cada necesidad que se nos presenta. Amén.

Un milagro a la distancia

En noviembre de 2018, estuve en Chile para ministrar entre el pueblo Mapuche por dos semanas. Me acompañó mi hermano menor, Roberto y un hermano en Cristo de Chico, California, Ed Rodgers.

Fue un gozo y gran privilegio volver a visitar a comunidades mapuche que conocía, como las de Chapod y Pichico. Roberto y Ed ayudaron a mucha gente en su capacidad de ser quiroprácticos en Estados Unidos. Mientras ellos daban tratamientos físicos a la gente, yo dedicaba mi tiempo en oración y en la predicación de la Palabra de Dios.

El pastor Héctor Parra, director de la obra rural entre el pueblo Mapuche, me había invitado a compartir la Palabra en la Conferencia Anual de las Iglesias Rurales Mapuche de la Alianza Cristiana y Misionera. Este evento se llevó a cabo en la comunidad de Chacaico, que se ubica a la salida sur de la ciudad de Angol. Conocía esta área desde mis años como misionero en Chile y tenía muchas amistades allí. ¡Qué hermoso fue ver el nuevo templo que habían construido con mucha entrega, sacrificio y dedicación!

Por supuesto, la experiencia más hermosa en el campo es poder comer juntos al aire libre y lo hicimos por todo un fin de semana. El templo se llenó de hermanos de distintas comunidades rurales. Algunos habían viajado en bus por cuatro horas o más. Todo el fin de semana estuvo maravilloso, con la presencia del Espíritu Santo moviéndose en nuestro medio. Me acuerdo de que en la última reunión del día domingo, mucha gente fue conmovida en sus corazones. Hubo gente llorando, porque Dios le había tocado de una manera única y especial. Otros estaban pidiendo oración por sanidad y Dios lo estaba haciendo. Jamás me olvidaré de esa reunión, porque nunca había vivido algo semejante entre los mapuche. Con gozo y alegría le di gracias a Dios por esta expresión de su presencia.

Después del servicio del día sábado en la noche, tuvimos un tiempo de ministerio personal, donde pudimos orar unos por otros. Se me acercó un hombre joven, Joel Caniupán y me pidió orar por su esposa, Marta. Él vivía en una comunidad muy cerca de Freire y es parte del liderazgo de esa congregación. Me dijo que su esposa quería asistir a la conferencia, pero se encontraba muy enferma en casa. Según el esposo, estaba grave y los médicos querían intervenir, operándola. Era muy evidente que el esposo estaba muy preocupado por ella. Esta hermana se encontraba a cuatro horas de donde estábamos orando. Mencionó los síntomas que ella tenía y lo animé, contándole un testimonio de sanidad que había visto de algo similar.

Contar o relatar un testimonio, es clave para levantar la fe de uno que necesita ver un milagro. (Apocalipsis 19:10 NTV), dice: *"Adora únicamente a Dios, porque la esencia de la profecía es dar un claro testimonio de Jesús"*. Cuando relatamos un testimonio de algo que Jesús hizo, estamos profetizando al oyente, que Dios no solo puede, sino que quiere hacer lo mismo otra vez. Ésa es mi intención siempre al contar un testimonio, preparar a la persona para recibir lo que Dios le quiere entregar.

Le estaba ministrando a solas esa noche. Nadie más estuvo presente apoyándonos en oración. Me acuerdo que hice una declaración. Dije: "En el nombre de Jesús, veo a los ángeles de Dios abriendo a tu esposa ahora mismo allí donde está tendida. Veo que todos los órganos están amarillos, infectados. Los ángeles están reemplazando todas las partes internas dañadas e infectadas. Le están ministrando, impartiéndole nuevas fuerzas y haciendo que todo sea nuevo en su interior. Amén". Así de sencilla fue mi oración, pero la hice en fe, porque lo había experimentado en otras ocasiones. Había visto a Dios sanar a la distancia. Lo había leído desde niño en mi Biblia. En el evangelio de San Mateo capítulo 8, se encuentra esta historia en la vida de Jesús:

*5 Cuando Jesús regresó a Capernaúm,
un oficial romano se le acercó y le rogó:
6 —Señor, mi joven siervo está en cama,
paralizado y con terribles dolores.
7 —Iré a sanarlo—dijo Jesús.
8 —Señor—dijo el oficial—, no soy digno de que entres en mi casa. Tan solo pronuncia la palabra desde donde estás y mi siervo se sanará. 9 Lo sé porque estoy bajo la autoridad de mis oficiales superiores y tengo autoridad sobre mis soldados.*

> *Solo tengo que decir: Vayan", y ellos van, o: Vengan", y ellos vienen. Y si les digo a mis esclavos: Hagan esto", lo hacen.*
> ***10*** *Al oírlo, Jesús quedó asombrado. Se dirigió a los que lo seguían y dijo: «Les digo la verdad, ¡no he visto una fe como esta en todo Israel!* ***11*** *Y les digo que muchos gentiles vendrán de todas partes del mundo—del oriente y del occidente—y se sentarán con Abraham, Isaac y Jacob en la fiesta del reino del cielo.*
> ***12*** *Pero muchos israelitas—para quienes se preparó el reino—serán arrojados a la oscuridad de afuera, donde habrá llanto y rechinar de dientes».*
> ***13*** *Entonces Jesús le dijo al oficial romano: «Vuelve a tu casa. Debido a que creíste, ha sucedido». Y el joven siervo quedó sano en esa misma hora.*
> (Mateo 8:5-13 NTV)

Como teníamos vuelo fuera del país dos días después, no supe si mi oración fue contestada o no. Justo un año después, en noviembre del 2019, volví a Chile con mis dos hermanos, Roberto y Esteban. Una vez más, el pastor Héctor Parra me había invitado a participar como predicador principal de la *Conferencia Anual del Pueblo Mapuche*. Fue interesante participar por tres años seguidos en la conferencia de iglesias rurales. Esta vez, la conferencia fue un día sábado y domingo. Se realizó en las afueras de Metrenco, en el local de retiro llamado Koyamentu.

Después de la primera reunión el sábado en la mañana, se me acercó un joven y me preguntó si me acordaba de él. Al mirarlo, me acordé del tiempo de oración que habíamos compartido el año anterior. Le pregunté: "¿Y cómo está tu esposa?" Había algo en mi alma que estaba esperando malas noticias. Esperaba escuchar que ella había fallecido o que seguía igual, pero en peores condiciones. En serio, el temor y la desesperanza es una batalla que todos tenemos que enfrentar a menudo, son el enemigo primordial de la fe, nos quiere robar la paz y confianza que tenemos en Cristo Jesús. A veces, tenemos más fe en el diablo y en lo que él puede hacer, que en Cristo Jesús y en lo que Él puede hacer, ¿cierto?

El joven me dijo: "Si quiere saber cómo está mi esposa, por qué no le pregunta usted mismo, está en la cocina con otras hermanas, preparando el almuerzo". Mi corazón saltó de gozo e inmediatamente fui a la cocina para conocerla y escuchar su testimonio. La saludé y la vi muy saludable y fuerte. Me presenté y le conté cómo su esposo y yo habíamos intercedido por ella hace un año. Le pedí que me contara lo que había vivido esa noche y me relató lo siguiente:

Marta me dijo que estaba acostada, en su casa, con mucho dolor. Se encontraba muy débil. De repente, tiene un sueño o visión y se ve en una sala quirúrgica, tendida para ser operada. En la sala había varias enfermeras y un médico que estaba parado al lado de ella. El médico abre su área estomacal, que revela su estómago y sus intestinos. Ella está atenta y puede ver todo lo que le están haciendo, pero sin ningún dolor. Levanta su cabeza y ve que todos sus órganos están amarillos y no rosados como deben estar. El doctor empieza a trabajar dentro de ella, reemplazando los órganos, mientras ella sigue observándolo todo. Cuando el doctor terminó su trabajo, la cerró con puntos como los médicos lo hacen. Fue en ese momento, cuando se despierta en su cama a solas y ya no sentía ningún dolor. Recuperó sus fuerzas y no volvió a tener más esos síntomas. ¡Gloria a Dios!

Hermanos, no hay nada imposible para Dios. Mientras más fe ejercemos, mayores cosas veremos. No debemos encasillar al Espíritu de Dios, creyendo que Él obra dentro de parámetros limitados. Cómo lo hace, no tiene límites; nosotros tendemos a poner límites. Jesús sanó a la gente usando distintas maneras, fue muy creativo. Tú y yo tenemos que hacer lo mismo. Jesús solo hacía lo que veía a su Padre hacer, lo imitaba.

¿Qué estás viendo?

La compasión y la misericordia

Es nuestra tendencia como humanos, echarle la culpa a alguien por los males que nos pasan. Tenemos esta inclinación de culpar al que sufre, diciendo: "Tal vez, te lo mereces". He conocido a mucha gente que carga con enfermedades y piensa que es su culpa, por haber cometido un pecado. También dicen de sí mismos: "Lo merezco, por haber hecho…" La auto condenación y la culpabilidad, son un gran impedimento al fluir de la gracia de Dios.

Una cosa es cuando la persona que está recibiendo oración, está bajo el peso de la condenación y otra, cuando la persona que le está ministrando, la mira con esos mismos ojos. En ciertas culturas, la condenación y la culpa se usan como armas para manipular y controlar a la gente. En muchos hogares, los padres usan estas dos armas para controlar a sus hijos. Las amenazas de castigo se utilizan casi todos los días, con la intención de que los hijos hagan lo que los padres quieren. ¿Y si ellos no les hacen caso? Las palabras de condenación nacen: "No sirves para nada", "eres malo", etc.

Jesús nunca condenó a alguien. Él vino a salvar y dar vida. Creo que el imán que atrajo los "pecadores" a Jesús, fue el hecho de que aceptó y respetó a cada uno y ellos pudieron percibirlo por medio de sus palabras y hechos. Como era algo tan anormal para los judíos ver a una persona que no les condenaba y que no les decía: "Te lo mereces", Jesús pudo influenciar en sus vidas. Es imperativo que, al ministrar el poder y amor de Dios, debemos hacerlo expresando el mismo corazón de Jesús, un amor auténtico y genuino. Cada persona es un tesoro, porque por ellos Jesús murió y resucitó.

Para apoyar este tema, en el Evangelio de Juan hay una historia muy conocida, es el encuentro de una mujer condenada por la sociedad y la religión, pero pronto aparece Jesús. (Juan 8:1-11 NTV).

1 "Jesús regresó al monte de los Olivos,
2 pero muy temprano a la mañana siguiente, estaba de vuelta en el templo. Pronto se juntó una multitud, y él se sentó a enseñarles. 3 Mientras hablaba, los maestros de la ley religiosa y los fariseos le llevaron a una mujer que había sido sorprendida en el acto de adulterio; la pusieron en medio de la multitud.
4 «Maestro —le dijeron a Jesús—, esta mujer fue sorprendida en el acto de adulterio.
5 La ley de Moisés manda apedrearla; ¿tú qué dices?».
6 Intentaban tenderle una trampa para que dijera algo que pudieran usar en su contra, pero Jesús se inclinó y escribió con el dedo en el polvo.

7 Como ellos seguían exigiéndole una respuesta, él se incorporó nuevamente y les dijo: «¡Muy bien, pero el que nunca haya pecado que tire la primera piedra!».
8 Luego volvió a inclinarse y siguió escribiendo en el polvo.
9 Al oír eso, los acusadores se fueron retirando uno tras otro, comenzando por los de más edad, hasta que quedaron solo Jesús y la mujer en medio de la multitud.
10 Entonces Jesús se incorporó de nuevo y le dijo a la mujer:
—¿Dónde están los que te acusaban? ¿Ni uno de ellos te condenó?
11 —Ni uno, Señor—dijo ella.
—Yo tampoco —le dijo Jesús—. Vete y no peques más".
(Juan 8:1-11 NTV)

Como pueden ver, los religiosos le están tendiendo una trampa a Jesús y usan "la ley de Dios" para hacerlo. El religioso condena a los que no cumplen con su interpretación de las reglas y si no las cumplen, son rechazados.

La mujer es enfrentada en público por los religiosos. Jesús jamás hubiera hecho eso. Él la hubiera llevado aparte para conversar, porque Jesús habría protegido su dignidad como persona creada a imagen de Dios. La mujer está avergonzada, humillada y bajo una densa nube de condenación.

Es impresionante cómo Jesús responde ante esta situación. No dice nada. Él se agacha y empieza a escribir algo en el suelo. El dedo de Dios que escribió la ley en piedra, ahora está usando ese dedo para escribir algo en el polvo. Para los religiosos, las dos tablas de piedra eran inalterables, no se pueden cambiar ni borrar, son eternas, según ellos.

¿Qué estuvo escribiendo en el polvo? ¿Una lista de pecados? Tal vez escribió la cita de (Levítico 20:10 NTV), donde dice: *"Si un hombre comete adulterio con la esposa de su vecino, tanto el hombre como la mujer que cometieron adulterio serán ejecutados"*. Si éste es el caso, ¿dónde está el hombre? Solamente presentaron a la mujer. También es posible que Jesús hizo referencia a (Éxodo 34:6), que dice: *"¡Yahveh! ¡El Señor! ¡El Dios de compasión y misericordia! Soy lento para enojarme y estoy lleno de amor inagotable y fidelidad"*. Lo que es muy obvio, es que la multitud está más interesada en el pecado que en el pecador.

Los líderes esperan una respuesta (v.7). Jesús no los humilla, no expone sus pecados, no muestra sus violaciones a la ley de Dios. ¿Por qué no lo hace? Porque la religión expone, Jesús cubre y protege.

Pareciera que Juan capítulo 7 nos da una pista sumamente importante para entender lo que Jesús escribió en el polvo. Se está celebrando la Fiesta de los Tabernáculos en Jerusalén. Es una fiesta que se celebra por una semana entera. El último día de la fiesta, los sacerdotes derramaban agua por las calles. Éste era un acto profético que se refería al ministerio del Mesías.

> ***37*** *El último día del festival, el más importante, Jesús se puso de pie y gritó a la multitud: «¡Todo el que tenga sed puede venir a mí!*

38 ¡Todo el que crea en mí puede venir y beber! Pues las Escrituras declaran: De su corazón, brotarán ríos de agua viva".

(Juan 7:37-38 NTV)

¿Y qué del polvo? Creo que Jesús escribió una cita del libro del profeta Jeremías. Jeremías 17 es un capítulo donde el profeta está confesando el pecado del pueblo de Israel. Inspirado por el Espíritu Santo, Jeremías escribe: *"Oh Señor, esperanza de Israel, serán avergonzados todos los que se alejan de ti. Serán enterrados en el polvo de la tierra, porque han abandonado al Señor, la fuente de agua viva".* (Jeremías 17:13 NTV).

¿Quién quedará avergonzado? ¿La mujer o los religiosos?

En los tiempos de Jesús, la gente tenía problemas con la interpretación del Antiguo Testamento. Unos creían que tenían que cumplir la letra de la ley y nada más. La verdad es que la ley de Dios estaba diseñada para traer la gente a Dios, para revelar su necesidad de Él. Lamentablemente, se conformaron con la ley y se hicieron esclavos de ella. Las leyes son un mapa que lleva a un destino, no son el destino. Eso es lo que pasó en este caso. Los baldes de agua corriendo por las calles de Jerusalén, son el mapa y ese mapa los debe llevar a Jesús, que es el destino.

De la misma forma, los milagros y las señales que el Espíritu Santo manifiesta, apuntan a la realidad, que es Cristo Jesús. Ustedes, que transitan por los caminos y carreteras de sus países, de vez en cuando ven una señal al lado de la pista, que dice: "Curva". Esa señal te está preparando para un encuentro que pronto tendrás en el camino, ¿cierto?

La señal no es la curva, solamente te despierta para el encuentro con la realidad. Todas las maravillas que Dios hace, están diseñadas para llevarnos a Cristo Jesús y a Él sea toda la gloria. Amén.

¿Por qué algunos no sanan?

De todas las preguntas que se me han hecho, ésta es la que más he escuchado. Creo que es así, porque como humanos, no nos gusta vivir con el misterio, queremos saber el por qué. Nos deja inquietos y ansiosos al no saber. Pero ésta es la realidad para todo hijo de Dios. Vivimos en la incertidumbre entre lo que entendemos y el misterio. Por su gracia, entendemos muchas cosas de sus obras y sus caminos, pero a la vez, hay tanto más que no entendemos. Es en este valle, donde tenemos que confiar en su carácter y naturaleza.

"Dio a conocer su carácter a Moisés y sus obras al pueblo de Israel".
(Salmos 103:7 NTV)

La aventura para todo hijo de Dios, es crecer en nuestro conocimiento de los caminos de Dios; esto quiere decir, las razones de por qué Dios hace lo que hace. Para poder discernirlo, uno necesita una experiencia real con la naturaleza y carácter de Dios. ¿Qué es lo que mueve su corazón? Según (Salmos 103:7), la nación de Israel vio los actos de Dios, pero no los vieron como una invitación para conocer al Dios que efectuó esos actos; a diferencia de Moisés, que vio los mismos actos, pero no tuvo temor de acercarse a la montaña que tronaba y estaba cubierta de tinieblas. Moisés entró al misterio y Dios le reveló sus caminos. La misma invitación se extiende para cada uno de nosotros. ¿Cómo vas a reaccionar frente al misterio, a lo que no entiendes? ¿Lo vas a ver como una señal que dice: "Alto"? ¿O lo vas a ver como una invitación para llegar a conocer el corazón de Dios?

Quisiera compartir algunas posibilidades de por qué algunos no sanan. No hay una respuesta única, sino que hay una dinámica complicada a veces, esto hace que nos mantengamos dependientes del Espíritu Santo, en completa humildad siempre. Él nos enseñará lo que debemos hacer y decir. Con Dios, no hay programas donde en cinco pasos uno recibirá sanidad o restauración. Cada uno es una obra particular, donde Dios siempre tendrá la palabra.

Algunos no sanan...

- **Por falta de instrucción** - Muchos cristianos no saben que su sanidad está prometida, o sea, que es uno de los beneficios de su salvación. *"Fue azotado para que pudiéramos ser sanados"*. (Isaías 53:5 NTV). Hay denominaciones que están atadas a sus tradiciones, las que no incluyen la sanidad como parte de su doctrina. Han enseñado que Dios la usó para levantar a la iglesia primitiva, pero una vez establecida, ya no era necesaria. La incredulidad es el impedimento.

- **Por falta de oración/intercesión unida** − Es posible que haya un desacuerdo entre los que están orando. El tiempo de oración se convierte en la expresión de diversos deseos, algunos egoístas.

- **La incredulidad de la comunidad** - Habrá veces, cuando el ambiente que rodea al necesitado es de incredulidad. La gente que está presente, no cree que Dios podrá hacer algún cambio a la situación. Jesús lo vivió en varias ocasiones.

Según (Mateo 13:53-58), Jesús no pudo realizar muchos milagros en su propio pueblo, Nazaret, aunque quiso hacerlo. ¿Qué se lo impidió? Fue la incredulidad de la gente, esto afectó el ambiente espiritual en la ciudad, de tal manera que ni el Hijo de Dios pudo desplegar su poder en la magnitud que quería manifestarlo.

En (Marcos 8:22-26), Jesús entra al pueblo de Betsaida y la gente le trae un ciego para que lo sane. Jesús hace algo curioso, lo saca de la ciudad y lo sana progresivamente. Éste es el único milagro que Jesús hace, donde tiene que orar dos veces para sanar a la persona. ¿Por qué lo saca de la ciudad? Si se acuerdan, Jesús ya había visitado Betsaida y a su ciudad vecina, Corazín, declarando:

> *20 "Luego Jesús comenzó a denunciar a las ciudades en las que había hecho tantos milagros, porque no se habían arrepentido de sus pecados ni se habían vuelto a Dios.*
> *21 «¡Qué aflicción les espera, Corazín y Betsaida! Pues, si en las perversas ciudades de Tiro y de Sidón se hubieran hecho los milagros que hice entre ustedes, hace tiempo sus habitantes se*

> *habrían arrepentido de sus pecados vistiéndose con ropa de tela áspera y echándose ceniza sobre la cabeza en señal de remordimiento."*
> (Mateo 11:20-21 NTV)

Jesús tiene que sacar al ciego de la ciudad, por el peso de la incredulidad que dominaba en el aire. Estando a cierta distancia de la ciudad, Jesús le escupe en los ojos y pone sus manos sobre él. En ese momento, el hombre recobra su vista en parte, *"veo a algunas personas, pero no puedo verlas con claridad; parecen árboles que caminan"*. (Marcos 8:42 NTV). Una vez más, ¿por qué en parte? Porque el hombre no tenía fe en Jesús, por lo que trata con él según su fe, la que aumentó con creces cuando vio a hombres como árboles y luego Jesús le regresó la vista en su totalidad. Acuérdense, cada persona es única en cómo Jesús querrá tocarla. Hermanos, atiendan a su voz.

Otro ejemplo en la vida de Jesús, es cuando Jairo le ruega que vaya a su casa, porque su hija estaba a punto de fallecer. Jesús demora en ir, porque toma un tiempo para sanar a una mujer que padecía de flujo de sangre por 12 años. Al emprender el camino a la casa de Jairo, reciben la noticia que la niña había muerto. Cuando llegan a la casa, Jesús le dice a los que están en el lugar, llorando y creando un gran alboroto: *"¿Por qué tanto alboroto y llanto? La niña no está muerta; solo duerme"*. (Marcos 5:39 NTV). Jesús dijo que la niña no estaba muerta, ¿le creyeron? No.

> *"40 La gente se rió de él; pero él hizo que todos salieran y llevó al padre y a la madre de la muchacha y a sus tres discípulos a la habitación donde estaba la niña.*

41 La tomó de la mano y le dijo:
«Talita cum», que significa «¡Niña, levántate!»."
(Marcos 5:40-41 NTV)

Jesús tuvo que cambiar el ambiente espiritual en esa casa, antes de levantar a la niña. La incredulidad es una de las barreras más fuertes, que corta el fluir del Espíritu de Dios. Aún Pablo le instruye a la iglesia:

"*19 No apaguen al Espíritu Santo.*
20 No se burlen de las profecías".
(1 Tesalonicenses 5:19-20 NTV)

El argumento del incrédulo se podría reflejar en la sanidad del inválido en el pozo de Betesda. El corazón de fe estaría celebrando con el hombre que fue sanado. La mente incrédula estaría preguntando: "¿Por qué solo sanó a una persona? ¿Por qué no sanó a los demás? La perspectiva del incrédulo se enfoca en lo que Dios no hizo. Ése es el filtro que usa el incrédulo, para resistir la obra de Dios. Según él, Dios no hace nada. La perspectiva de fe puede ver y celebrar lo que Dios ha hecho y está haciendo. Con esta persona, Dios se complace. *"Sin fe es imposible agradar a Dios"*. (Hebreos 11:6 NTV).

La incredulidad es lo que más afecta a la iglesia en nuestros tiempos. Se sigue enseñando que los milagros, sanidades y señales de poder, fueron para los tiempos de los apóstoles, mientras ellos establecían la iglesia primitiva. Se predica que ya no hay necesidad de las manifestaciones del poder de Dios, porque tenemos la Biblia. No es cuestión de escoger una sobre la otra. Necesitamos ambas. Lean el libro de los Hechos de los

Apóstoles, fíjense en el impacto que sus vidas tuvieron al estar llenos del Espíritu Santo, demostrando su poder sobre los demonios y las aflicciones. Dieron vuelta al mundo y lo hicieron sin tener una Biblia. Personalmente, yo preferiría tener al Espíritu Santo sin una Biblia, que tener una Biblia sin el Espíritu Santo. Gracias a Dios que tengo los dos y no me es necesario escoger entre ellos. Amén.

- **Por la tradición de los hombres** – La tradición de los hombres ha anulado parte del evangelio. Los judíos eran expertos en elevar sus enseñanzas sobre la Palabra de Dios, dándoles más peso que a la voz de Dios.

Las siguientes son algunas tradiciones erróneas que algunas iglesias actuales están promoviendo, en oposición con lo que Dios ha dicho y revelado en su Palabra.

> *"Jesús les respondió:*
> *—¿Y por qué ustedes, por sus tradiciones, violan los mandamientos directos de Dios?"*
> (Mateo 15:3 NTV)

1) **La enfermedad es la voluntad de Dios.** Si esto es cierto, entonces todos los médicos estarían rompiendo su ley. El hospital se convertiría en una casa de rebelión contra Dios.

2. **Podemos glorificar más a Dios y demostrar paciencia, cuando estamos enfermos**, que cuando somos sanados.

3. **El tiempo para los milagros ha cesado.** Éste es el pensamiento más común, y es ilógico y anti-bíblico. Desde que el Espíritu Santo vino a activarse en la tierra, en Los Hechos capítulo 2, ha demostrado la voluntad de Dios fielmente.

4) **No es la voluntad de Dios sanar a todos.** Si esto es cierto, no habrá ninguna base de fe para recibir la sanidad. Dios quiere que todos sean salvos también, ¿por qué no lo son?

5) ***«¡Padre mío! Si es posible, que pase de mí esta copa de sufrimiento. Sin embargo, quiero que se haga tu voluntad, no la mía». (Mateo 26:39 NTV).*** Ésta es la frase que destruye la verdadera fe. Jesús no está orando por un necesitado. Él está a punto de redimir a la humanidad, salvándola de la condenación de sus pecados. Tú y yo jamás nos encontraremos orando de esa manera. El apóstol Juan declara:

> *"Sin embargo, cuando alguien sigue pecando, demuestra que pertenece al diablo, el cual peca desde el principio; pero el Hijo de Dios vino para destruir las obras del diablo".*
> (1 Juan 3:8 NTV)

Así como Jesús vino a destruirlos, nosotros también, como sus representantes, armados con su poder y autoridad, podemos extender su reino de paz. *"Como el Padre me envió a mí, así yo los envío a ustedes"*. (Juan 20:21 NTV).

6) Otro argumento en contra, **es el uso de la experiencia de Pablo cuando habló de** *"una espina en mi carne"*. **(2 Corintios 12:7 NTV).** Estas palabras no se refieren a una enfermedad, sino a un espíritu maligno (del diablo) que lo afligía. Pablo no usó su experiencia personal para establecer doctrina, Dios la establece. Pablo sanó a mucha gente en su ministerio.

7) La tradición que enseña que **Jesús sanó a los enfermos como Hijo de Dios, no como hijo del hombre.** Jesús nos mostró como hombre, el poder de una vida entregada a Dios, libre de pecado y lleno del Espíritu Santo. Jesús no hizo ningún milagro, hasta que el Espíritu Santo lo llenó de su poder. Él era el ejemplo a seguir. El hombre/la mujer, que se ha entregado a Dios, que está libre de pecado (Jesús les quitó todo pecado y les dio su justicia) y camina en la llenura y el poder del Espíritu, puede hacer lo que Jesús hizo. Jesús lo manda y espera la recompensa de su sacrificio. *"Les digo la verdad, todo el que crea en mí hará las mismas obras que yo he hecho y aún mayores, porque voy a estar con el Padre".* (Juan 14:12 NTV).

- **La incredulidad en aquel que está ministrando.**

- Algunos no son sanados, porque su aflicción es la **obra de un demonio**.

- El enfermo está **encubriendo un pecado no confesado** en su corazón.

- Un corazón que **no está dispuesto a perdonar.**

- Algunos **se enfocan en sus síntomas y su aflicción, más que en Dios;** tienen más fe en la enfermedad que en Dios.

- **Falta activar la fe.** *"¿De qué le sirve a uno decir que tiene fe si no lo demuestra con sus acciones?"* (Santiago 2:14 NTV). Una vida de fe significa que: pensamos con fe, hablamos con fe y actuamos con fe. Jesús le dijo al ciego: *"Ve al pozo y lávate"*. Sin la activación de su fe, no hubiera recobrado la vista, habría seguido ciego.

- **Hay falta de confianza en la Palabra de Dios.** Alguien no recibe sanidad, porque no aceptó la promesa de Dios (escrita), como una palabra directa para él. La fe interpreta la Palabra de Dios, como la voz de Dios.

- **Unos están esperando sanidad para poder creer en Jesús.** Jesús pone las condiciones para recibir sus promesas, no nosotros. Él no trabaja para mí. *"Les digo, ustedes pueden orar por cualquier cosa y si creen que la han recibido, será suya"*. (Marcos 11:24 NTV). Creer precede a la sanidad. Abraham no continuó orando por el nacimiento de Isaac, sino que siguió creyendo hasta que el pequeño nació.

- Algunos **se enfocan en su mejoría y no en las promesas de Dios.** No entienden que la fe persiste, a pesar de las circunstancias que parecen contradecir lo que ven.

Las promesas de Dios son una revelación de lo que Él está ansioso de realizar en nuestras vidas. Hasta que sepamos cuál es la voluntad de

Dios, no habrá un fundamento donde descansar nuestra fe. El cimiento de nuestra fe es su palabra declarada, que no cambia. Las promesas de Dios funcionan cuando vemos y actuamos según esas realidades eternas/celestiales (sus promesas, su fidelidad, su presencia, etc). Cuando nos enfocamos más en lo que Dios dice, que en lo que la cultura dice, eso producirá mayor fe en Dios. Uno de los resultados es que será más fácil creer que dudar.

Seguro que esta breve lista podría ser más larga, pero por lo menos, podrán discernir el posible estorbo en la situación que se les haya presentado. Quisiera recalcar una vez más la dependencia en el Espíritu Santo. No hay ninguna parte de la vida cristiana que sea posible sin la llenura del Espíritu y la mente de Cristo. Cada situación es única, tal como cada individuo. Si no pueden lograr lo que desean, no se rindan. Pasen más tiempo con Padre Dios, Jesús y el Espíritu Santo, hasta que esa barrera se caiga. Recuerden, la verdadera fe persiste. Ánimo hermanos.

¿Cómo manejo la desilusión?

La principal razón que he escuchado de parte de cristianos que no oran por sanidad y milagros, es el temor. El temor de fallar. El temor de orar por alguien que no conocen. El temor de ser visto como un cristiano fanático, que vive por los extremos. El temor de hacer algo que nunca han hecho y no creen que tengan la fe o la unción para hacerlo. También está el temor de ver un milagro y pensar en las consecuencias y cambios que eso le traerá a su rutina cristiana. Lo entiendo. Me puedo identificar con cada uno de estos temores.

Ministré por años como pastor y misionero, creyendo que Dios podía sanar y hacer milagros. Lo que no sabía, es si Dios quería hacerlo o no. Como nunca lo había visto, pensé como muchos, que Dios ya no obraba de esa forma, que solo necesitábamos la Biblia. Ya no hay necesidad para las manifestaciones de poder. En otras palabras, era incrédulo, porque como niño, creía que Dios podía hacerlos. Aunque en mi corazón quería verlo y hacerlo, mi mente no estaba preparada por mi falta de experiencia.

Dios se dirige al corazón principalmente y no a la mente. Del corazón nace la fe para creer y no de nuestro razonamiento. Pablo dice en (Romanos 10:10): *"Pues es por creer en tu corazón que eres hecho justo a los ojos de Dios y es por declarar abiertamente tu fe que eres salvo."* Cuando le doy más atención a lo que mi mente piensa que es posible/lógico, me voy a limitar a las cosas que creo que son posibles. He dejado de vivir por fe. La fe, que opera en mi corazón primero y luego instruye a mi mente, puede ver lo imposible como algo posible.

La fe mira desde el cielo hacia la tierra, no de la tierra hacia el cielo. La fe ve lo que el hombre dice que es imposible y con certeza cree que con Dios todo es posible. Por eso, la renovación de nuestra mente es tan importante. Dios no rechaza la mente, la valora mucho. Pero la mente no transformada, no puede manifestar las intenciones y deseos de Dios. Pablo dice en (Romanos 12:2): *"No imiten las conductas ni las costumbres de este mundo, más bien dejen que Dios los transforme en personas nuevas al cambiarles la manera de pensar. Entonces aprenderán a conocer la voluntad de Dios para ustedes, la cual es buena, agradable y perfecta."*. Si mi mente, mi perspectiva, no está transformada, no voy a poder demostrar la voluntad de Dios.

Si mi mente no cree que Dios quiere sanar a los enfermos, nunca voy a orar por un enfermo. Si no lo hago, *la voluntad de Dios que es buena, agradable y perfecta,* no será vista. Estaré robándole a Dios la gloria que Él quería manifestar por medio de la sanidad de esa persona, porque solo Dios podría haberla sanado. Tú sabrás que tu mente está siendo transformada, cuando lo imposible parece lógico.

La mayor batalla que nos toca enfrentar, es la lucha interna entre el corazón y la mente. La mente es un gran siervo, pero es un terrible maestro. Mi corazón debe instruir a mi mente en las cosas de Dios, porque mi corazón puede aceptar verdades que mi mente no puede entender. El autor de Hebreos, dice: *"Por la fe comprendemos que el universo fue constituido por la palabra de Dios, de modo que lo que se ve fue hecho de lo que no se veía"*. Muchos se respaldan más en su razonamiento, su lógica y su sabiduría humana.

En el evangelio de Juan, Jesús aterrorizó a la multitud cuando les dijo: *"Por eso Jesús volvió a decir: «Les digo la verdad, a menos que coman la carne del Hijo del Hombre y beban su sangre, no podrán tener vida eterna en ustedes;"* (Juan 6:53 NTV). Me imagino que muchos de ellos pensaron que Jesús estaba hablando literalmente de comer Su carne y beber Su sangre. Jesús es un caníbal. En eso, la multitud le da la espalda y se va. ¿Por qué se fueron? Porque su mente no entendió lo que solo se podía recibir por fe. Me asombra que Jesús no cambia su mensaje para hacer que la gente vuelva. Jesús los deja ir con esta lucha interna.

El relato continúa con Jesús fijándose en sus discípulos y les pregunta: *"¿Quieren acaso ustedes irse también?"* (v.66). De este encuentro sale la gran declaración de Pedro, conocida por muchos en la iglesia:

"Simón Pedro le contestó:

—Señor, ¿a quién iríamos? Tú tienes las palabras que dan vida eterna. [69] Nosotros creemos y sabemos que tú eres el Santo de Dios".
(v.68-69).

Creo que Pedro tampoco entendió a qué se refería Jesús con Su declaración, pero de una cosa estaba seguro, cuando Jesús hablaba, algo pasaba dentro de su corazón. Aunque su mente no pudo captar las palabras de Jesús, su corazón sí pudo captarlas, porque resonaron con vida.

Dios está buscando a hijos que crean y piensen como Él, hijos que puedan enfrentar cualquier situación e impartir la gracia de Dios con fe, gozo y amor. Sí, orar por alguien que está sufriendo y hacerlo con gozo. En (Romanos 14:17 NTV), Pablo declara: *"Pues el reino de Dios no se trata de lo que comemos o bebemos, sino de llevar una vida de bondad, paz y alegría en el Espíritu Santo"*. ¿Se dan cuenta que el gozo es una tercera parte del reino? Si oro por alguien, y el pesar y la tristeza me acompañan hasta que termino, no estaba orando, me estaba quejando. La fe ora con gozo, esperanza y amor, esperando ver las maravillas de Dios.

Dentro de cada hijo de Dios, debe haber un apetito por lo sobrenatural, hambre por ver a Dios obrar y de hacernos partícipes de lo que Dios realizó. Así como los doce discípulos, hombres comunes y corrientes, que manifestaron la realidad del reino en la vida diaria. Algo está mal dentro del cristiano que no tiene deseo en su corazón de querer colaborar con Dios, *"deshaciendo las obras del diablo"*. (1 Juan 3:8). Sería semejante a tener un bebé (una guagua para los chilenos) y ver que esa criatura no quiere comer, porque no tiene hambre. Sería anormal y peligroso, ¿cierto? Llamaríamos al médico para intervenir. De la misma manera, el hijo de Dios ha nacido de nuevo y ahora vive en un ambiente sobrenatural, en el Espíritu. Aquí hay provisión sobrenatural para toda necesidad. Es imperativo que el hijo se nutra de ese mundo eterno.

Hasta este punto, he compartido palabras que tienen que ver con el temor a ministrar en el poder del Espíritu Santo. El temor es un instrumento del diablo, que usa para que el hijo de Dios no se active. El diablo sabe que su peor pesadilla es un hijo de Dios que conozca su identidad en Dios y está operando dentro de su autoridad, mientras ejerce su poder.

Ahora quiero enfocarme en un tema que igual tiende a paralizar a muchos, es la desilusión. Ésta afecta a los que están operando en su llamado, colaborando con Dios en la *"sanidad de los enfermos, echando fuera demonios, limpiando a los leprosos y resucitando a los muertos y predicando el reino de Dios"* (Mateo 10:7-8). El diablo usa la desilusión para desanimar y apagar al hijo de Dios que activamente opera con el poder del reino.

Caminar por fe, es vivir según la revelación que hemos recibido en medio de los misterios que no podemos explicar. Por eso, la vida cristiana se caracteriza por la fe. Si entiendo todo lo que está pasando en mi vida cristiana, entonces, lo que tengo, es una vida cristiana inferior. Viviendo con el misterio, es el privilegio de nuestro caminar con Cristo. Ésa debe ser la tensión que todo hijo de Dios experimenta; la tensión entre lo que uno ya sabe y el misterio del silencio de Dios.

Hay ciertas personas por las cuales he orado por sanidad por años y hasta hoy en día, su condición no ha cambiado; en contraste con otras, que en un instante reciben un milagro y son liberados de su aflicción. Hay dos reacciones que se me presentan: Seguir ejerciendo mi fe, buscando su sanidad o cesar de orar por ellos y creer que Dios quiere que sufran para hacerlos más santos. Si yo tratara a mis hijas según esta última reacción, o sea, hacer sufrir a mis hijas, para que ellas aprendan a obedecerme, me arrestarían por abuso hacia ellas. Es algo que se toma en serio en nuestra cultura, pero con facilidad se lo atribuimos a Dios.

Entiendo. También le he preguntado a Dios: "¿Por qué?" un sin fin de veces. La desilusión siempre está a la vuelta. Es el arma que Satanás más ocupa para paralizar a los hijos de Dios. Es una batalla continua, pero hay un mejor camino. La búsqueda de respuestas, a veces nos guía a un rechazo del misterio. Como resultado, el misterio a menudo es visto como algo intolerable, en vez de un gran tesoro.

Es un privilegio ser un creyente que cree en medio de una cultura permeada por la incredulidad. Lamentablemente, en muchos lugares esa cultura se encuentra dentro de nuestras iglesias. Tenemos que abrazar este privilegio. Abrazar lo que Él nos ha mostrado y obedecer lo que nos ha mandado, muchas veces en medio de preguntas sin respuestas, es un honor sin medida.

Una consulta: ¿Quién demuestra más fe? ¿La persona que ora tres veces por una persona enferma y se rinde, pensando que es la voluntad de Dios que siga sufriendo? ¿O la persona que persiste en oración después de tres años, anhelando su sanidad dentro del misterio? La respuesta es obvia.

Me he encontrado con cristianos que solo obedecen lo que pueden entender y en eso, no saben que están juzgando a Dios. Él no está bajo juicio, nosotros sí. Obedeciendo siempre y cuando vemos que habrá un resultado favorable, no es obediencia.

Un "no entiendo" está bien, porque cuando restrinjo mi vida espiritual a lo que puedo entender, demuestro mi inmadurez. Dios responderá a mi fe, a mi confianza en Él, pero no se rendirá a mi demanda para tener el control. La madurez requiere una aceptación genuina de lo que no entiendo. Es una expresión esencial de mi fe en el Señor, que es bueno siempre.

Nuestro corazón puede aceptar cosas que nuestra mente no puede entender. El corazón nos guiará donde la lógica jamás se atreverá a ir. Ésta es la lucha interna. No creemos porque entendemos, entendemos porque creemos. *"Por la fe entendemos que todo el universo fue formado por orden de Dios, de modo que lo que ahora vemos no vino de cosas visibles.".* (Hebreos 11:3 NTV).

Una cosa es obedecer cuando el Señor nos ha dado entendimiento sobre cierto asunto y otra es obedecer en medio de las preguntas, las dudas y las circunstancias, que parecen contradecir lo que entendemos. Muchos fracasan aquí. En reacción a lo que no entienden, bajan la Biblia a su nivel de experiencia.

Lo hacen para sentirse mejor. En vez de seguir persiguiendo a Dios hasta ver la respuesta, inventan una teología errónea para dar una respuesta por lo que no pasó. Esto es muy peligroso, porque estamos poniendo nuestra palabra al nivel de la PALABRA de Dios. Nuestro desafío es elevar nuestras experiencias al estándar de la PALABRA de Dios y no bajarla a nuestra experiencia.

En lo personal, le doy gracias a Dios por toda la revelación que me ha dado. Viví muchos años no orando por las imposibilidades de la vida, porque eran un misterio para mí. Tengo una verdad clave ahora, que me mantiene fijo ante cualquier situación. En el misterio, cuando nada pasa, cuando todo lo que hago aparentemente ha sido en vano, descanso en la verdad de que DIOS ES BUENO. Cuando no entiendo, me aferro del carácter y la naturaleza de Dios. Si no lo hago, caigo en la desilusión y dejo de expresar la genuina y poderosa voluntad de Dios.

Jesús sana a un pescador

En el mes de mayo de 2021, Bárbara y yo fuimos a ministrar a un grupo de creyentes en el estado de Washington. Ésta era la segunda vez yendo a esta pequeña ciudad, que se llama Port Ángeles, ubicada en la frontera con Canadá. Lo que los separa es la Boca de Juan de Fusa, donde las aguas del mar Pacífico entran y proveen una gran avenida de tráfico para los dos países y el mundo.

El lugar donde estábamos teniendo las reuniones, era una casa en el campo. La gente venía en la tarde, cada uno proveyendo un plato para compartir con los demás. El hambre de la gente por conocer a Dios más profundamente, fue impresionante. El Espíritu Santo se manifestó con poder de diversas formas en cada reunión. Una noche empezamos la reunión a las 17.30 horas y no terminamos sino hasta las 24 horas. Era como las reuniones que Pablo tenía en el libro de Los Hechos. Tanto ellos como nosotros, quedamos maravillados con lo que estábamos viviendo. El amor y la apertura de los hermanos, creó un ambiente de gran gozo y paz.

El día sábado, Bárbara y yo tuvimos un tiempo libre en la tarde para descansar, porque nos esperaba otra reunión a las 17.30 horas. En vez de descansar, salimos a pasear por los campos. En esta zona, no son campos abiertos con unos cuantos árboles que rodean la casa. Este lugar es puro bosque nativo, inmensos pinos que no te permiten ver a tus vecinos. Muy poco sol penetra, por lo denso que es la cobertura del follaje. Esto hace que los caminos angostos tengan la apariencia de sendas en vez de caminos transitables por autos.

Mientras caminábamos, pasamos a una pequeña casita que tenía dos lanchas de pesca frente al camino. Al acercarnos a la propiedad, vimos que había un señor trabajando en una de las embarcaciones. Tenía intención de saludarlo, pero él me ganó. Nos vio y exclamó: "¿Eres tú un maestro en la secundaria? Porque te pareces a un maestro que tuve". Este señor tenía unos cuarenta y cinco años. Le dije que soy maestro, pero no de la secundaria en esta ciudad. Fuimos donde él para continuar la conversación y ver qué puerta se nos abriría, que nos permitiera demostrar el amor y poder de Dios. Entablamos un diálogo y después de unos minutos, nos fijamos que el señor, que se llama Matt, se estaba apoyando en su lancha. Pudimos darnos cuenta que estaba sufriendo de dolor en su columna, así es que Bárbara le preguntó si tenía dolor. Matt respondió que sí. Se había lastimado hace años y dependía de pastillas muy potentes cada día, para calmar la intensidad del dolor. Se nos abrió la puerta para ministrar, cuando Matt nos contó su condición. Le pregunté si podíamos orar por él y Matt respondió: "¿Tú eres un pastor?" Le dije que sí, que había visto muchos milagros y creía que Dios iba a realizar uno en él. Le pedí permiso para orar y nos lo dio.

También lo hice para imponer nuestras manos sobre él y nos lo permitió. Puse mi mano sobre su columna, donde le habían operado. Mientras orábamos, Matt se apoyaba contra la lancha. De repente, Matt empezó a moverse de una forma que yo no había visto antes.

Cuando el Espíritu de Dios se mueve en algunas personas, el individuo se mueve también. Cuando oro por personas, siempre lo hago con mis ojos abiertos, para ver si él/ella está reaccionando de una u otra forma. Pensé que Matt se iba a caer, como desmayarse y me preparé para tomarlo, pero no se cayó. Al terminar la oración, unos dos o tres minutos, le pregunté cómo se sentía. Nos comentó que sintió una paz tan real en todo su ser y que el dolor no estaba. En eso, Matt llamó a su hijo de doce años, para que oráramos por él, porque quería lo mismo para su hijo. El niño no sufría de dolor en la columna, sino de abuso mental, perpetrado por la ex-esposa de Matt. El jovencito se nos acercó, pero no nos miró a los ojos. Se mantuvo con la cabeza agachada todo el tiempo. Oramos por él, para que la presencia del gran Consolador se hiciera real y presente en su vida, en ese momento. Lo mismo le pasó a él. Se movía como si se iba a desmayar. Al terminar, le preguntamos si había experimentado algo y nos dijo que sintió una paz maravillosa que corrió por su cuerpo.

Le hablamos a Matt del gran amor de Dios por él y su familia. Compartimos las Buenas Nuevas y le extendí una invitación para asistir a la reunión que íbamos a tener esa tarde. Me agradeció, pero me dijo que tenía que terminar de reparar su lancha, porque la tenía que usar el día siguiente. Nos despedimos de él, bendiciéndole en el nombre de Jesús y no volvimos a verlo. Al llegar donde nos estábamos hospedando, le contamos a nuestros amigos de sus nuevos vecinos y lo que Dios había hecho con Matt.

En agosto de 2022, recibo un mensaje de mi amigo Nick Seedorf, que es vecino de Matt. Nick me cuenta que ahora se conocen y me comparte un poco más de lo que había ocurrido en el último año. Matt le contó a Nick de la pareja que había pasado a saludarlo y de cómo habían orado por él, que Dios sanara su columna, porque ya no aguantaba el dolor. Le contó a Nick que desde ese día, jamás volvió a tomar pastillas, porque ya no sufría de dolor en su columna. Además, le dijo que después de vivir ocho meses sano, entregó su vida a Jesús para seguirle. ¡Gloria a Dios!

Uno podría pensar: "¿Ocho meses entre su encuentro con el poder del Espíritu de Dios y su entrega a Jesús?" ¿Qué pasó? Mi respuesta es: "No sé", pero ese encuentro con el poder de Dios, prendió una chispa en su corazón, que en el tiempo lo llevó al punto de tomar una decisión. ¿Cuántas personas sanadas por Jesús en los evangelios fueron radicalmente transformadas y comenzaron a seguir a Jesús en ese mismo instante? Muy pocas. Si se fijan en los doce discípulos, ellos comenzaron a seguir a Jesús antes de estar convencidos de su verdadera identidad como Hijo de Dios. Jesús los llamó a seguirle y ellos respondieron. No sabemos cuánto tiempo pasó entre el llamado inicial y su entrega total. Creo que esto es lo que le pasó a Matt. Su sanidad fue la invitación de Jesús a seguirle y después de ocho meses, Matt estuvo convencido de la necesidad de arrepentirse y ser salvo.

Dios no trabaja para mí, yo trabajo para Él. No me debe nada, yo le debo todo. Como dice el (Salmo 115:3): *"Nuestro Dios está en los cielos y puede hacer lo que le parezca"*. Mi privilegio y responsabilidad es representarlo de una manera genuina y auténtica. Soy su representante en la tierra para extender el reino del cielo. Cuando declaro la voluntad de Dios para la sanidad de una persona, lo hago con fe, sin saber cuándo ni cómo Dios lo va a hacer. Si sana a la persona inmediatamente como a Matt y luego le habla por ocho meses, trayéndolo a un momento de decisión, eso es obra de Dios, no mía. Tenemos que estar bien con el misterio, lo que no entendemos. Es posible con las cosas de Dios, porque sabemos que Dios es siempre bueno y lleno de sabiduría. Amén.

La importancia del testimonio

Soy parte de un legado muy especial. Hay pastores y misioneros por ambos lados de mi familia, por varias generaciones. Soy la tercera generación de misioneros en Chile, que, por la gracia de Dios, hemos podido extender su Reino. Lo que quiero que sepan, es que no empecé mi caminar con Cristo con cero puntos.

El autor de Proverbios dice:

"La gente buena deja una herencia a sus nietos".
(Proverbios 13:22 NTV)

Como hijos de Dios, hemos sido injertados a la rica historia del real sacerdocio de Dios. En Génesis, Dios comisionó a Adán y a Eva para ser fructíferos, que se multiplicaran y que sometieran a la tierra. En otras palabras, tendrán que extender las fronteras del jardín, generación tras generación. La naturaleza del Reino de Dios, es una que siempre está en crecimiento y se está extendiendo.

"Su gobierno y la paz nunca tendrán fin".
(Isaías 9:7)

El Reino de Dios solo conoce avance, debe avanzar en nosotros personalmente y corporalmente, mientras el Señor nos lleva de *"gloria en gloria"* (2 Corintios 3:18) y *"de fe en fe"* (Romanos 1:17). El reino se extiende en cada generación que lo toma y abarca más terreno.

El ingrediente principal en este proceso de extensión, es la herencia, que es el eslabón que conecta a las generaciones. Es lo que cada generación recibe de la anterior y luego ellos la pasan a la siguiente. Cuando una generación ha sido "fructífera y se ha multiplicado", la siguiente empieza en una posición más avanzada, que si hubiera tenido que comenzar desde cero. Soy testimonio de esta verdad. Mis abuelos, Carlos y Pelma Volstad, extendieron el reino en Perú, Chile y Colombia. Mi padre, David Volstad, heredó de ellos una medida del reino y la multiplicó. Luego, yo recibí la medida del reino que él llevaba y por la gracia de Dios, la extendí más allá.

Cuando recibimos una herencia, estamos recibiendo algo gratis, pero es algo por lo que una persona pagó un precio alto. Cuando hemos hecho viajes largos como familia en el auto, he aprovechado ese tiempo a solas con mis hijas. Les cuento historias de milagros y sanidades que Dios ha hecho en mi presencia. Comparto lo que he aprendido de su carácter y naturaleza, etc. ¿Por qué? Para que ellas puedan extender el reino en su vida más allá de lo que voy a alcanzar en la mía. La verdad es que la herencia terrenal no se pasa a los herederos hasta que uno muere. En el reino, se transmite mientras uno está vivo.

¿Qué es la herencia del reino? ¿Qué es lo que le pasamos a la siguiente generación?

> »*El Señor nuestro Dios tiene secretos que nadie conoce. No se nos pedirá cuenta de ellos. Sin embargo, nosotros y nuestros hijos somos responsables por siempre de todo lo que se nos ha revelado"*. (Deuteronomio 29:29 NTV)

> *"Mientras que el conocimiento nos hace sentir importantes, es el amor lo que fortalece a la iglesia".*
> (1 Corintios 8:1 NTV)

La revelación es la herencia del reino; no es para que seamos más inteligentes, sino para llevarnos a tener experiencias con Dios, donde podamos entender y experimentar su naturaleza. (Efesios 1:17).

¿Cómo se transmite esta herencia? Contando su historia con Dios, para que ese testimonio prenda una pasión en los corazones de la siguiente generación y así, tomen mayores desafíos con Dios, multiplicando los testimonios.

Es difícil, quizás imposible, recibir esta herencia espiritual si solo vamos a aplaudir los logros y las hazañas de nuestros antepasados. No honramos la memoria de los héroes de Dios solo recordándoles, sino al imitarlos y llegando a conocer al Dios que ellos conocían, clamándole que Él haga descender su reino con poder en nuestros días.

Cuando se comparte un testimonio de algo que Jesús realizó, uno está profetizando sobre esa persona, para que Jesús vuelva a hacerlo otra vez. Los testimonios que demuestran el poder de Dios, despiertan y levantan la fe en cualquiera que los escucha y sabemos que Dios responde a la fe.

El apóstol Juan declara en su carta, conocida como: "La Revelación de Cristo Jesús". (Apocalipsis 19:10 NTV). *"La esencia de la profecía es dar un claro testimonio de Jesús."*

En nuestra iglesia Cristo Salva, en Chico, California, teníamos un tiempo todos los domingos para dar testimonio de las obras de Dios. Le había enseñado a la congregación, que Dios siempre está obrando y que sería posible dar un testimonio nuevo cada semana de algo que acaba de suceder. Al principio, escuchábamos testimonios de algo que Dios había hecho cinco o diez años atrás. En poco tiempo, los testimonios se convirtieron en palabras vivas que impactaron a la iglesia. Los hermanos estaban atentos cada semana, para ver la mano de Dios en acción a su favor. Esto elevó la expectativa de los hermanos, de colaborar con Dios, esperando ver el fruto de su fe en Él.

Tengo un amigo que se llama Mike y vive en Los Ángeles, California. Hemos conocido a Mike y su esposa Lorie Taylor por muchos años. Mike ha sido un seguidor de Jesús casi toda su vida, aún se preparó en un Seminario para poder servir en la iglesia con mayor efectividad. Como yo, él desarrolló su vida cristiana en un ambiente donde el énfasis era la Biblia y solo se hacía referencia a los milagros y al Espíritu Santo. Según Mike, los milagros y el mover del Espíritu estaban reservados para la iglesia primitiva, porque no tenían la Biblia todavía. Me acuerdo que en una de las conversaciones que tuvimos, le dije: "Mike, ¿tú sabes que es el Padre, el Hijo y el Espíritu Santo, y no el Padre, el Hijo y la Santa Biblia? Si lees el libro de Los Hechos, la iglesia cumplió sin la Biblia, pero con el Espíritu de Dios, más que cualquier iglesia hoy en día con la Biblia, pero sin el Espíritu".

Había un conflicto en Mike, porque no podía escaparse de la realidad sobrenatural que rodea y envuelve el mundo bíblico. En junio de 2021, mi esposa Bárbara y yo pasamos una tarde con ellos en Chico, California. Después de una hora de conversación, poniéndonos al día con nuestras familias, compartimos de un viaje que habíamos hecho a Port Ángeles, Washington. Esos testimonios que contamos, nos llevaron a contarles muchos más. Además, le conté cómo había llegado a este nivel en mi vida con Cristo. Lo que iba a ser una visita de dos horas, se transformó en una de seis. Testimonio tras testimonio de lo que habíamos visto a Dios realizar en nuestro medio. Mike y su esposa se quedaron conmovidos, pero a la vez, desafiados al escuchar nuestras experiencias.

Cinco meses después volvimos a vernos. Mike me contó de cómo nuestro último encuentro le había impactado y agregó un testimonio. Me contó que se arriesgó a orar por una mujer que conoce, que había sufrido por años de una aflicción que ataca todo el cuerpo. A veces, pasaba tres a cuatro días en su cama, sin salir de su pieza. Mike se atrevió a orar por ella, activó su fe en Dios y luego volvió a casa. Al día siguiente, Mike recibió la noticia de que, desde el momento en que oró por ella, se sintió bien, sin ningún síntoma de esa enfermedad. ¡Gloria a Dios!

¿Qué convenció a Mike de ir a orar por sanidad para esta señora? ¿Fueron mis argumentos bíblicos? ¿Fue la teología que lo apoya? Todo esto es bueno y necesario, pero según Mike, lo que le convenció fue el poder de cada testimonio que había escuchado. No fue un argumento que le convenció, fue un testimonio, porque nadie puede anular una experiencia. En el idioma original, uno de los significados de la palabra *testimonio* es: "Hazlo otra vez". Cuando contamos un testimonio, estamos profetizando la obra de Dios, para que lo haga otra vez. Cuando veo a alguien que necesita sanidad o un milagro en su columna, ¿qué hago? Le relato dos o tres testimonios de milagros de la columna que he visto, para que Jesús, una vez más, manifieste su poder y el Padre reciba la gloria. Estamos añadiendo más gloria a su precioso nombre, manifestando su dominio sobre toda aflicción y enfermedad.

La casa de los loros

Un día, en el mes de julio de 2022, mi esposa y yo estábamos orando por el pueblo Mapuche de Chile. Debido a la pandemia, no había vuelto a Chile por tres años, por lo que estaba frustrado y confuso con lo que estaba sucediendo. Chile cerró sus fronteras y luego puso muchas restricciones para ingresar al país, con el propósito de proteger la salud de la nación. Uno de los requisitos era la vacuna contra el Covid, más las dosis de refuerzo. En lo personal, no quería vacunarme por varias razones personales. Mis oraciones se convirtieron en súplicas desesperadas. Mientras estábamos en oración, mi esposa Bárbara me pregunta: "Marcos, ¿no es cierto que hay mapuche en Argentina?"

Dos cosas pasaron cuando escuché esa pregunta. Primero, le dije que sí hay mapuche en Argentina y la mayoría de las comunidades, se encuentran en la Cordillera de Los Andes. La segunda fue, que una llama se prendió en mí. Lo recibí como una invitación de parte de Dios, para tener una gran aventura con Él. Fue algo que me dio vida y esperanza, una respuesta para nuestra oración. Ahora tenía una meta y un propósito. ¿Qué está haciendo Dios en Argentina entre el pueblo Mapuche?

El hecho de que no conocía Argentina y que no tenía ningún contacto dentro del país, no me importó. Estaba seguro de que el Espíritu de Dios me iba a guiar al lugar y dirigir a las personas que Él quería que conociera. Nunca había hecho algo semejante. Nunca había ido a un país que no conocía, sin tener un contacto dentro de sus fronteras. Lo que experimenté fue algo único en mi vida.

Le pedí al Espíritu Santo que me guiara, como lo hizo con Pablo y Bernabé en el libro de Los Hechos. Quería que este viaje fuera uno, donde toda mi dependencia descansara sobre Él. "Señor, guía mis pasos, abre mis ojos y mis oídos para discernir tu voz y dirección. Que todo lo que pase, sea para tu gloria Padre, por medio de tu Espíritu en mí".

Tenía una idea más o menos de la región geográfica donde las comunidades mapuche estaban situadas; por lo tanto, cuando abrí el mapa de Argentina, me enfoqué en la zona de Neuquén. Empecé a buscar pueblos y comunidades con nombres en mapuche. Había muchos que corrían por las montañas de Los Andes. Entre ellos, hubo uno que resaltó en la pantalla de mi computadora, se llamaba Ruca Choroy (la casa de los loros). No sabía por qué, pero lo anoté en un papel. Se quedó grabado en mi mente y corazón, por lo tanto, le dije a Dios: "De una u otra forma, voy a llegar a Ruca Choroy. Siento que Tú me quieres llevar allí". Pocos días después, conseguí los pasajes aéreos. Partiendo del norte de California donde vivo, con destino a la ciudad de Neuquén, Argentina, 36 horas de tránsito. Hasta este momento, tenía fechas de viaje, los pasajes aéreos y un destino final. Seguí animado.

CUANDO LA FE Y LA GRACIA SE BESAN

Había algunos amigos que expresaron su preocupación cuando se enteraron de mis planes, mejor dicho, la falta de planes. Aunque agradecí su atención por mi bienestar, los animé, con la seguridad de que Dios tenía todo bajo Su administración soberana y de que era parte de su plan. Estaba en completa paz y anticipando grandes cosas en esta experiencia con Dios.

No nací teniendo este nivel de fe y confianza en Dios. He aprendido que, hay muchas cosas que Dios nos da en días, semanas o meses, pero las cosas que tienen que ver con nuestro carácter y madurez en la fe, eso se logra en nuestra historia con Dios, la que se extiende toda la vida. Los discípulos de Jesús son un buen ejemplo. Recibieron mucho de Jesús en solamente tres años, pero lo que no se manifestó en ese período, era su madurez y el cambio de carácter. Las tormentas de la vida lo producen, siempre y cuando uno se aferre a Dios y espere en Él. Me hubiera costado mucho emprender un viaje como éste cuando tenía cuarenta años, pero a los sesenta y un años, mi fe en Dios es otra. Ánimo, no se desanimen si lo ven como algo imposible ahora.

Tres semanas antes de comenzar el viaje, me comuniqué con Bryan Harmelink, un querido hermano misionero, que dirigió la traducción del Nuevo Testamento al idioma mapudungun. Nos conocimos en Temuco, Chile, en el año 1994. Le mandé un mensaje por medio del Facebook, contándole de mis planes para visitar esta zona de la provincia de Neuquén. Cuando me respondió, me comentó que había visitado esa área hace treinta años. Allí conoció a un pastor argentino que tenía ministerio entre el pueblo Mapuche. Me dio su nombre y lo ubiqué en el Facebook. Seguía viviendo en el mismo pueblo de Aluminé. Le escribí para compartir mis deseos de querer ver lo que Dios estaba haciendo entre el pueblo Mapuche. El pastor me responde, diciendo: "Hermano Marcos, estaremos prestos para ayudarle cuando llegue a Aluminé. Como iglesia, tenemos obra misionera en dos comunidades mapuche. Una se llama Ñorquinco y la otra, Ruca Choroy". Me quedé asombrado cuando vi a Ruca Choroy aparecer una vez más. Dios continuó confirmando sus planes conmigo, dándome un contacto ahora en la cordillera, muy cerca de Ruca Choroy.

Hice planes para volar a Argentina el día 1 de noviembre de 2022. Una semana antes de salir, un hermano mapuche, Marcelo Parra, me manda un mensaje por medio del Facebook (gracias a Dios por el Facebook). Marcelo da clases del idioma mapuche por medio del Zoom, para gente que desea ministrar entre el pueblo u otros que desean mejorarlo. Al enterarse que yo tenía planes para viajar a Argentina, me cuenta de un estudiante suyo, Gustavo, que vive en Neuquén. Marcelo le mandó un mensaje, diciéndole que iba a empezar mi trayecto en la ciudad de Neuquén y le pidió el favor de orientarme en la ciudad. Con eso, Marcelo me envió su nombre y número de celular. Ahora tengo dos contactos: Uno donde voy a iniciar mi viaje, Neuquén y el segundo, donde quiero llegar, Aluminé.

Mi primer día en Neuquén, hice contacto con Gustavo y él pasó a buscarme al hotel. Después de pasar un tiempo conociéndonos en un pequeño restaurante, Gustavo me dice que me quiere llevar a la casa de un amigo mapuche. Los dos se criaron juntos en el mismo barrio desde niños. Pensé que este señor iba a ser mapuche de la ciudad y no uno que tenía sus raíces en una comunidad en el campo.

Hugo Pilquiñan, aunque se crió en Neuquén, se había trasladado cuando niño desde una comunidad mapuche en la cordillera. Sufrieron mucho en las montañas, el frío y mucha escasez de sana alimentación, por eso, sus padres salieron en busca de mejores condiciones. Hugo es hermano en Cristo y junto con su esposa, son activos en su iglesia. Me preguntó qué andaba haciendo en Argentina. Le dije que quería saber lo que Dios estaba haciendo entre el pueblo Mapuche, especialmente en una comunidad que se llama Ruca Choroy. Cuando dije eso, vi una sonrisa y me dijo: "Soy el Werken para todas las comunidades mapuche de la gran provincia de Neuquén. Ruca Choroy es la comunidad más grande que tenemos y el Lonco (líder) es buen amigo mío, somos tocayos. Se llama Hugo Licán y le voy a avisar que te diriges allá, para que esté esperando tu llegada". El Werken, es el mensajero. En el caso de Hugo, tiene la responsabilidad de apoyar y animar a todas las comunidades mapuche, para que preserven el idioma, la cultura, el arte, las tradiciones, etc. El gobierno argentino lo emplea para cumplir con esta tarea.

Fue una increíble respuesta a muchas oraciones. Dios usa a personas para llevarnos a otras. En un día, Dios me confirma una vez más el lugar y ahora, la persona que tiene asignada para recibir lo que traigo. El lugar es Ruca Choroy y la persona, Hugo Licán, el Lonco.

Es asombroso ver cómo Dios confirma y pone un sello sobre la tarea que uno está realizando. Es una de sus formas para animarnos y decirnos que nos está apoyando. El día antes de viajar a la cordillera, Gustavo me invitó a su iglesia, que se llama La Unión. La única persona que conocía era Gustavo. Me senté por el pasillo, porque no quería bloquear la vista de nadie, debido a que mido 190 cm. Cuando comienzan a tocar los instrumentos, siento que alguien me está tocando el brazo izquierdo. Al girar, para ver quién me había tocado, veo a una hermana que me parece muy familiar. Con una enorme sonrisa, me pregunta: "¿Eres tú uno de los Volstad de Chile? Al responderle afirmativamente, me da su nombre, Mireya Fuentealba. Me reconoció, porque era estudiante en el Seminario en Temuco, Chile, donde se preparó para el ministerio. Fue en los años que vivíamos en Temuco y ella nos había visto. Mi tía Barbarita Volstad, era uno de sus profesores en el Seminario. Teníamos a muchos amigos en común en Chile, pero este día nos encontramos en una iglesia en Neuquén. Me dijo que es argentina, de Neuquén y que se había ido a Chile para estudiar, con la intención de volver a su país. Le dije que me dirigía a Ruca Choroy y se alegró al escuchar esa noticia, porque tiene tres amigas que viven en esa comunidad. Mira lo que hace Dios para confirmar los pasos de fe que uno da. Nunca hice planes para asistir al culto en esa iglesia, fui por invitación, porque la iglesia de la Alianza Cristiana y Misionera tenía su servicio en la noche. Aun así, sucedió algo que aparentemente no tenía nada que ver con mis planes, el Espíritu de Dios puso a alguien para confirmar Su dirección y propósito.

El día miércoles 9 de noviembre, el pastor Marcos de Aluminé, me lleva en su camioneta a la comunidad de Ruca Choroy. Es un viaje por caminos de tierra y ripio, que dura unos 40 minutos. La comunidad está muy cerca de la frontera con Chile. En el viaje, podía ver la cumbre del volcán Villarrica y del Lanín. En el camino, el pastor me comentó que el Lonco Hugo Licán era un hombre muy ocupado y que cargaba con mucha responsabilidad, por lo que es posible, que nuestro tiempo juntos

CUANDO LA FE Y LA GRACIA SE BESAN

sería muy breve. Cuando nos presentamos, Hugo nos invitó a sentarnos bajo un árbol. Lo que pasó luego, fue algo que el pastor Marcos nunca había visto; en vez de tener una corta conversación, Hugo y yo hablamos por una hora y media. Me preguntó qué andaba haciendo en un lugar tan remoto. Le relaté cómo Dios puso a su comunidad en mi corazón y me trajo directamente a su terreno a hablar con él. Compartí testimonios de hermanos mapuche en Chile, que experimentaron tremendos cambios cuando decidieron seguir a Jesús y dejar los caminos de la machi y algunas de las tradiciones. Hasta la tierra misma fue transformada cuando su dueño empezó a seguir a Jesús. El pastor tenía que volver al pueblo, por lo tanto, me despedí de Hugo.

De camino a Aluminé, el Espíritu Santo me recordó algo. Me dijo: "Se te olvidó darle lo que le ibas a entregar". Antes de salir de California, Dios me había dicho que le iba a regalar mi reloj a alguien. No sabía a quién, hasta ese momento. Le pedí a Dios que me diera otra oportunidad con Hugo, para poder entregarle el reloj y las palabras que lo acompañan. Milagrosamente, me comuniqué con él al día siguiente. Le dije que tenía algo que quería darle, pero no sabía cómo. Hugo me dijo que iba a estar en Aluminé en 45 minutos y nos podríamos juntar en la plaza central del pueblo. Me imaginaba un encuentro relámpago, donde Hugo se quedaría en su vehículo, bajaría la ventana para que le pudiera dar el regalo y se iría. Resulta que cuando llega a la plaza, baja la ventana y me dice: "Súbete, quiero hablar contigo".

Hugo me llevó a un pequeño restaurant, donde tomamos mate y conversamos a solas. Por las siguientes dos horas, me hizo una pregunta tras otra. Una de las últimas, fue: "Marcos, como misionero, ¿cuál es el mensaje principal que compartes?" Respondí con una palabra: "Jesús". Es una persona, no una enseñanza. Es una relación personal, no una filosofía. Él es el camino a Chaw Ngünechen (Padre Dios). El Padre que quiere que sus hijos vuelvan a casa, pues está cerca. Un Dios que lo ama tanto, que envió a un extranjero de Estados Unidos, que no conocía a nadie en Argentina. Además, puso un lugar en su corazón y a gente en su camino, para traerlo a un encuentro con un hombre específico, Hugo Licán.

Saqué mi reloj y se lo pasé, diciéndole: "Hugo, este reloj es solar. No necesita cambiar la pila nunca, pero para que funcione bien, necesita estar expuesto a la luz. Con este reloj, Dios te está diciendo: Hugo, "¡Es tiempo! ¡Es tiempo! Es tiempo que me sigas y que tu comunidad me siga. Cada vez que mires este reloj, estas palabras van a resonar en tu corazón". Pasamos un momento en silencio. Percibí que éste era un momento clave para él, por lo tanto, le pregunté: "¿Qué vas a hacer? ¿Vas a seguir con las tradiciones y costumbres del pueblo o vas a aceptar la invitación que Dios te está haciendo por medio de Cristo Jesús? Hugo respondió: "Quiero seguir a Jesús". Hugo hizo su propia oración, no lo guie, porque quería que fuera una expresión de su corazón y no del mío. Cuando terminó, impuse mis manos sobre él y pedí el bautismo del Espíritu Santo sobre todo su ser. Su rostro cambió. Vi una paz, una transformación inmediata. Sin duda alguna, éste fue su nuevo nacimiento, un bebé (pichiche) en espíritu.

Pude vivir esta experiencia, porque fui específico en mis oraciones. Cuando uno ora sin dar detalles, es mucho más difícil saber cuándo Dios ha respondido. Si Dios, en su misericordia, responde y no lo sabemos, le robamos de la gloria que Él podría haber recibido aquí en la tierra. Le pedí que me llevara a personas que Él tenía preparadas para recibir la gracia que Dios me había dado. En este viaje a Argentina, Hugo Licán es solamente un testimonio de los muchos. Colaborando con el Espíritu de Dios, tuve el privilegio de animar a líderes, pastores y misioneros en distintas áreas de Argentina y ver a mucha gente recibir sanidad en el nombre de Jesús.

La Palabra dice que todos somos "colaboradores/trabajadores de Dios". (1 Corintios 3:9 NTV). Cada hijo de Dios vive en esta comunión con Él. Lo que yo hice, ustedes también lo pueden hacer. No tienen que ir al extranjero para que Dios los use de esta forma. En su diario vivir, pídanle que los guíe a una persona que necesita de Él. Primero, díganle que están dispuestos a ir donde Él les muestre, entreguen lo que Él les ha pedido compartir y paguen cualquier costo para lograrlo.

Se acabaron los zumbidos

Antes de ir a Argentina, alguien me preguntó cómo iba a ministrar en un lugar desconocido, sin conocer a nadie y sin una invitación. Le dije: "Quiero orar por los sordos primero y que ese milagro me abra puertas para hacer más". Creo que lo dije por fe, porque me sentí confiado en el hecho de que Dios se iba a manifestar de esa manera. Jesús lo hacía en su ministerio. Al llegar a un pueblo nuevo, sanaba a la gente y luego les enseñaba. Para mí, Jesús es el ejemplo a seguir. ¿Por qué no hacer lo mismo?

Estuve en el pueblo de Aluminé, Argentina, en noviembre de 2022. El pastor Marcos me preguntó si quería asistir a una célula en casa y aprovechar de conocer a hermanos de su iglesia. Cuando le respondí afirmativamente, me dijo que me iba a dejar allí, porque tenía una entrevista en su oficina. Era un grupo pequeño, compuesto de una familia y otro adulto. El padre de la casa dirigió la reunión. Abrió su Biblia en Romanos 12:1-2, lo leyó y luego pidió comentarios sobre esos versículos. Cuando varios compartieron, el hermano me preguntó si quería agregar algo.

CUANDO LA FE Y LA GRACIA SE BESAN

Volví a leer el versículo 2 en voz alta: *"No imiten las conductas ni las costumbres de este mundo, más bien dejen que Dios los transforme en personas nuevas al cambiarles la manera de pensar. Entonces aprenderán a conocer la voluntad de Dios para ustedes, la cual es buena, agradable y perfecta"*. (Romanos 12:2 NTV). Les dije que, según este versículo, es imposible demostrar cuál es la buena, agradable y perfecta voluntad de Dios, si uno no tiene una mente transformada. ¿Cómo se sabe cuando su mente está transformada?, les pregunté. Lo que antes considerábamos algo imposible, ahora lo vemos posible. La mente transformada mira las situaciones de la vida con los ojos de Dios. Si para Él no hay nada imposible, entonces mi perspectiva debe ser la misma. Jesús manifestó la buena, agradable y perfecta voluntad de Dios en su ministerio y nos encomendó la misma tarea. El discípulo amado escribió en su evangelio: *"Una vez más les dijo: «La paz sea con ustedes. Como el Padre me envió a mí, así yo los envío a ustedes». Entonces sopló sobre ellos y les dijo: «Reciban al Espíritu Santo"*. (Juan 20:21-22 NTV). Para complementar estas palabras, compartí testimonios de sanidades y milagros que había presenciado, con el fin de incrementar su fe en ese momento, porque creí que Dios iba a sanar a alguien.

Al concluir con lo que quería compartir, les pregunté si alguien entre ellos estaba enfermo o si padecía de una aflicción crónica. Por unos segundos, hubo puro silencio, pero el señor de la casa levantó su voz y dijo: "Mi esposa aquí (ella estaba sentada al lado de él, pero era muy tímida), ha sufrido con un zumbido en sus oídos por años. El sonido no cesa". Le pregunté a la señora si eso era cierto y me dijo que sí. Le pedí permiso para orar por ella y me lo dio. Le pregunté si quería ser sana (Jesús también lo hacía). Es posible que algunos quieran seguir en su condición, porque reciben más atención y simpatía de la gente. Para otros, si fueran sanados, significaría un gran cambio de vida y no están dispuestos a sacrificarlo. Por ejemplo, al paralítico que no ha tenido que trabajar por años y no ser responsable de nada, ¿qué cambios le traería su sanidad a su vida diaria?

La hermana quería ser libre del zumbido. Le pedí permiso para poner mis manos sobre sus oídos y orar. Hice una oración breve, pero directa. Declaré sanidad a todas las partes internas afectadas, en el nombre de Jesús. "Recibe tu sanidad hermana". Cuando quité mis manos de sus oídos, le pregunté si había un cambio. Ella me respondió, diciendo que ya no había un zumbido en su interior. Creo que tanto ella como otros, estaban un poco confusos, porque no sabían qué hacer. Los animé, diciéndoles: "Hay que darle gracias a Dios por esta sanidad. Hay que celebrar lo que Él ha hecho. Si lo consideramos como algo insignificante, entonces no vamos a ver las cosas más grandes". Cuando el pastor volvió a buscarme, lo primero que le contaron era el testimonio de la sanidad. Los impactó mucho, lo estaban asimilando.

Al llegar a la casa del pastor, su esposa nos estaba esperando con la comida sobre la mesa. Era como las diez de la noche, eso es normal en Argentina. Al vernos, el pastor le comenta a su esposa de la sanidad que la hermana había experimentado. El pastor me mira y dice: "¿Puedes orar por mi esposa? Ella sufre del mismo zumbido por siete años. Me dijo que lo vivía todos los días. Una vez más, pedí permiso para poner mis manos sobre sus oídos y oré como antes. ¿Saben? Dios volvió a hacer lo mismo, la sanó en un instante. Alrededor de la mesa, me pidieron compartir otros testimonios de sanidades y milagros. Vi que el ministerio de poder era algo nuevo para ellos y que estaban muy interesados en saber más.

La siguiente noche, el pastor me pidió compartir algo breve en su iglesia, para el culto de oración. Compartí por unos 15 minutos sobre el tema de la oración. Básicamente les dije que, siendo hijos de Dios, oramos desde el cielo hacia la tierra, porque el cielo tiene las respuestas. Volví a sentarme, para que continuara el culto. Al llegar al tiempo que se había dedicado a la oración, el pastor dividió a la congregación en tres grupos. Designó cierto lugar para las mujeres, otro lugar para los hombres y otro para los jóvenes. Antes que se levantaran para ir a sus lugares respectivos, el pastor dijo que esta noche se iba a crear un cuarto grupo, el que estaría formado por personas que necesitaban una sanidad en su cuerpo. Pasaron hombres y mujeres, llenando las primeras dos bancas de un lado de la iglesia.

Comencé a orar por ellos, uno por uno y vi a muchos sanar. La necesidad de algunos no se podía probar en ese momento, porque se necesitaba un examen hecho por un médico. A dos personas que no podían ver con claridad, se les aclaró la vista. Hubo algunos que padecían de dolores en sus columnas y caderas, y Dios los sanó instantáneamente. Otros tenían necesidad emocional. Hubo mucha hambre por la presencia y el poder de Dios, y Él respondió a la necesidad de sus hijos.

La sanidad es parte del "paquete de beneficios" de nuestra salvación. Su sangre derramada le quitó la vida, pero esa misma sangre, nos dio vida. Su cuerpo fue quebrantado, para que nuestro cuerpo quebrantado pudiera ser sanado y restaurado. El poder de la Santa Cena, que representa el sacrificio de Cristo Jesús, se muestra tanto en la salvación espiritual de una persona, como en su sanidad.

Ésta es la tarea que Jesucristo nos ha encomendado aquí en la tierra. Es algo que no se hará en el cielo. (Fíjense que Jesús no dijo: "Oren por los enfermos" en el v.8).

7 Vayan y anúncienles que el reino del cielo está cerca.
8 Sanen a los enfermos, resuciten a los muertos, curen a los que tienen lepra y expulsen a los demonios.
(Mateo 10:7-8 NTV)

Jesús les dio esta misma comisión a los doce discípulos y luego a los setenta en (Lucas 9). Cuando estaba a punto de ascender al cielo, nos encomendó a todos la gran comisión de realizar todo lo que ellos habían hecho. No es una sugerencia, es una invitación a una gran aventura con el Rey de reyes.

18 Jesús se acercó y dijo a sus discípulos: «Se me ha dado toda autoridad en el cielo y en la tierra.
19 Por lo tanto, vayan y hagan discípulos de todas las naciones, bautizándolos en el nombre del Padre y del Hijo y del Espíritu Santo.
20 Enseñen a los nuevos discípulos a obedecer todos los mandatos que les he dado. Y tengan por seguro esto: que estoy con ustedes siempre, hasta el fin de los tiempos».
(Mateo 28:18-20 NTV)

El resto de la historia

En las siguientes hojas que están en blanco, incluya su testimonio de lo que el Espíritu Santo ha manifestado por medio de su fe en Cristo Jesús, para la gloria del Padre. Cuando se arriesgó y puso su fe en acción, ¿cómo se manifestó la gracia de Dios en esa situación?

DeeperLife
PRESS

www.deeperlifepress.com

Made in United States
Orlando, FL
29 December 2023